Réparer sa Toiture
Par : Collection Plus Simple la Vie
©2024

Table des Matières

Introduction

La toiture est l'un des éléments les plus importants d'une maison, offrant protection et sécurité à ses occupants contre les intempéries et les éléments extérieurs. Cependant, au fil du temps, même la toiture la mieux construite peut subir des dommages dus à l'usure, aux intempéries ou à d'autres facteurs. Dans ce guide, nous explorerons l'importance de maintenir une toiture en bon état et les risques associés à la négligence des problèmes de toiture. Nous fournirons également des conseils pratiques et des instructions étape par étape pour évaluer, réparer et prévenir les dommages de toiture, garantissant ainsi la durabilité, la sécurité et la valeur de votre maison. Que vous soyez un bricoleur chevronné ou un novice en réparation de toiture, ce guide vous fournira les connaissances et les outils nécessaires pour prendre soin de votre toit et protéger votre investissement immobilier.

Évaluation des dommages

Inspection visuelle de la toiture

Avant de commencer toute réparation, il est crucial de réaliser une inspection visuelle approfondie de votre toiture pour identifier les dommages potentiels. Voici quelques étapes à suivre lors de cette inspection :

Sécurité d'abord

Avant de commencer toute activité liée à la réparation de la toiture, il est impératif de prendre des mesures de sécurité pour prévenir les accidents et les blessures. Voici quelques conseils à suivre :

Équipement de protection individuelle (EPI) : Portez un casque, des lunettes de protection, des gants antidérapants et des chaussures robustes avec une bonne adhérence pour éviter les chutes et les blessures en cas de glissade.

Échelle sécurisée : Utilisez une échelle stable et correctement positionnée pour accéder en toute sécurité à la toiture. Assurez-vous que l'échelle est correctement ancrée au sol et qu'elle est placée sur une surface plane et solide.

Conditions météorologiques : Ne travaillez pas sur le toit par temps venteux, pluvieux ou glissant. Attendez que les conditions météorologiques soient favorables pour assurer une meilleure sécurité.

Formation et expérience : Si vous n'êtes pas familier avec les travaux de toiture, envisagez de faire appel à un professionnel qualifié pour effectuer les réparations nécessaires. Ne prenez pas de risques inutiles si vous n'avez pas l'expérience requise.

Surveillance constante : Restez vigilant à tout moment pendant que vous êtes sur le toit et surveillez les signes de fatigue ou de vertige. Descendez immédiatement si vous vous sentez mal à l'aise ou en danger.

En respectant ces conseils de sécurité, vous minimisez les risques d'accidents et de blessures pendant la réparation de votre toiture, assurant ainsi votre bien-être et votre sécurité.

Examen extérieur

Lors de l'examen extérieur de votre toiture, prenez le temps d'inspecter chaque partie de la toiture afin de détecter tout signe de dommage ou de détérioration. Voici quelques points à vérifier lors de cette inspection :

Tuiles ou bardeaux endommagés : Recherchez les tuiles cassées, les bardeaux fissurés ou manquants, qui peuvent indiquer des zones vulnérables à l'infiltration d'eau.

Affaissements ou déformations : Examinez attentivement la surface de la toiture pour détecter tout affaissement ou déformation, ce qui peut indiquer un affaiblissement de la structure ou des problèmes de support.

État des joints et des scellants : Vérifiez l'état des joints et des scellants autour des cheminées, des lucarnes, des conduits de ventilation et des gouttières pour détecter toute fissure ou détérioration.

Vérification des gouttières et des descentes pluviales : Assurez-vous que les gouttières et les descentes pluviales sont en bon état et ne présentent aucun signe d'obstruction ou de dommage, ce qui peut entraîner des problèmes de drainage des eaux pluviales.

Inspection des fixations et des accessoires : Contrôlez l'état des fixations, des clous et des accessoires de toiture tels que les évents et les cheminées pour vous assurer qu'ils sont bien fixés et en bon état.

Présence de débris : Enlevez tout débris accumulé sur la toiture, comme des feuilles mortes, des branches ou des débris végétaux, qui peuvent retenir l'humidité et causer des dommages à long terme.

Vérification des gouttières

La vérification des gouttières est une étape importante de l'inspection de la toiture, car des gouttières obstruées ou endommagées peuvent entraîner des problèmes d'écoulement des eaux pluviales et causer des dommages à la toiture et à la structure de la maison. Voici comment procéder à la vérification des gouttières :

Nettoyage des gouttières : Commencez par enlever tous les débris accumulés dans les gouttières, tels que les feuilles mortes, les branches, les débris végétaux et les débris de toiture. Utilisez une pelle à gouttière ou une brosse pour éliminer les obstructions.

Vérification des joints et des fixations : Inspectez les joints des gouttières ainsi que les fixations pour vous assurer qu'ils sont bien scellés et sécurisés. Remplacez tout joint endommagé ou desserré et serrez les fixations si nécessaire.

Examen de l'écoulement de l'eau : Après avoir nettoyé les gouttières, versez de l'eau dans les descentes pluviales pour vérifier qu'elles s'écoulent correctement et qu'il n'y a pas de blocages ou d'obstructions.

Réparation des fuites ou des fissures : Recherchez toute fuite ou fissure le long des gouttières et des descentes pluviales. Utilisez du mastic d'étanchéité ou du calfeutrage pour réparer les petites fissures, et remplacez les sections endommagées si nécessaire.

Vérification des descentes pluviales : Assurez-vous que les descentes pluviales sont bien connectées aux gouttières et qu'elles dirigent l'eau loin de la fondation de la maison pour éviter les problèmes d'humidité et d'infiltration d'eau.

Examen intérieur

L'examen intérieur de la toiture est tout aussi important que l'examen extérieur car il permet de détecter les signes de fuites ou de dommages structurels qui pourraient ne pas être visibles de l'extérieur. Voici comment procéder à l'examen intérieur de la toiture :

Accès au grenier ou aux combles : Si votre maison est équipée d'un grenier ou de combles accessibles, utilisez une échelle ou un escalier pour y accéder en toute sécurité.

Inspection visuelle : Une fois à l'intérieur, utilisez une lampe de poche pour inspecter attentivement le plafond, les murs et les zones situées sous le toit à la recherche de tout signe d'humidité, de taches d'eau, de moisissures ou de pourriture du bois.

Vérification des joints et des raccords : Inspectez les zones autour des cheminées, des lucarnes, des évents et des conduits de ventilation pour détecter toute fissure, fuite ou signe d'infiltration d'eau le long des joints et des raccords.

Recherche de points faibles : Soyez attentif aux zones où la lumière du jour pourrait filtrer à travers le toit, ce qui pourrait indiquer des lacunes dans la structure ou des bardeaux manquants.

Contrôle de l'isolation : Vérifiez l'état de l'isolation située sous le toit pour détecter tout signe d'humidité, de condensation ou de compactage excessif, ce qui pourrait indiquer des problèmes de ventilation ou d'étanchéité.

En effectuant régulièrement cette inspection intérieure de la toiture, vous pouvez détecter rapidement les problèmes potentiels et prendre les mesures nécessaires pour les réparer avant qu'ils ne causent des dommages plus importants à votre maison.

Documentation des problèmes

La documentation des problèmes est une étape essentielle lors de l'inspection de la toiture car elle fournit une référence visuelle précieuse pour évaluer l'étendue des dommages et pour communiquer efficacement avec les professionnels en cas de besoin. Voici quelques conseils pour documenter les problèmes de toiture :

Prenez des photos : Utilisez un appareil photo ou un smartphone pour prendre des photos claires et détaillées des dommages que vous trouvez, y compris les tuiles cassées, les bardeaux manquants, les fuites, les fissures, les zones d'humidité, etc.

Capturez différents angles : Prenez des photos de différents angles pour fournir une vue complète des dommages. Incluez des gros plans pour montrer les détails et des photos d'ensemble pour mettre en contexte l'emplacement des problèmes sur la toiture.

Notez les observations : Prenez des notes écrites pour accompagner vos photos, en décrivant les observations importantes telles que l'emplacement exact des dommages, leur taille, leur gravité et toute information pertinente sur les conditions météorologiques ou les événements récents.

Datez vos documents : Assurez-vous de dater vos photos et vos notes pour garder une trace du moment où les dommages ont été constatés. Cela peut être utile pour suivre l'évolution des problèmes au fil du temps.

Organisez vos documents : Stockez vos photos et vos notes dans un dossier ou un album dédié sur votre ordinateur ou votre appareil mobile pour une consultation facile ultérieure. Vous pouvez également imprimer les documents si nécessaire.

Recherche de fuites et de dégâts

La recherche de fuites et de dégâts est une étape cruciale lors de l'inspection de la toiture, car les fuites peuvent causer des dommages importants à la structure de votre maison s'ils ne sont pas traités rapidement. Voici quelques étapes à suivre pour rechercher les fuites et les dégâts :

Utilisation d'un tuyau d'arrosage

L'utilisation d'un tuyau d'arrosage est une méthode pratique pour simuler une pluie légère et détecter les fuites potentielles sur votre toiture. Voici comment procéder :

Choisissez une journée sèche : Attendez une journée où il n'y a pas de pluie prévue pour effectuer cette inspection. Assurez-vous également que la toiture n'est pas mouillée par la rosée du matin.

Préparez votre tuyau d'arrosage : Branchez votre tuyau d'arrosage et assurez-vous qu'il est suffisamment long pour atteindre toutes les parties de votre toiture.

Montez sur le toit ou utilisez une échelle : Si vous êtes à l'aise pour monter sur le toit en toute sécurité, faites-le en utilisant une échelle stable. Sinon, restez au sol et utilisez des jumelles pour surveiller la toiture pendant que vous arrosez.

Commencez par arroser une section à la fois : Commencez par arroser une petite section de votre toit pendant quelques minutes, en concentrant le jet d'eau sur une zone spécifique, comme une section de tuiles ou de bardeaux.

Inspectez l'intérieur de votre maison : Pendant que vous arrosez la toiture, surveillez l'intérieur de votre maison pour détecter toute infiltration d'eau. Recherchez des signes d'humidité, de gouttes d'eau ou de fuites près des zones que vous arrosez.

Déplacez-vous progressivement : Après avoir inspecté une section, déplacez-vous progressivement le long de la toiture, en arrosant chaque partie de manière méthodique. Assurez-vous de couvrir toute la surface de la toiture.

Notez les emplacements des fuites : Si vous détectez des fuites pendant l'inspection, notez leur emplacement précis sur la toiture. Cela vous aidera à localiser les zones qui nécessitent des réparations.

Examen des points de pénétration

Lors de l'examen des points de pénétration de votre toiture, il est essentiel de vérifier l'état des éléments qui traversent le toit, tels que les cheminées, les évents de ventilation, les lucarnes et les conduits de plomberie ou de ventilation. Voici comment procéder à cet examen :

Inspectez les joints et les scellants : Vérifiez l'état des joints et des scellants autour des points de pénétration pour détecter toute fissure, dégradation ou signe d'usure. Les joints et les scellants défectueux peuvent permettre à l'eau de s'infiltrer dans la maison.

Recherchez les signes de fuites : Examinez attentivement les zones autour des points de pénétration à la recherche de signes d'humidité, de taches d'eau, de moisissures ou de pourriture du bois. Ces signes indiquent souvent des fuites ou des infiltrations d'eau.

Vérifiez l'état des matériaux de couverture : Assurez-vous que les matériaux de couverture autour des points de pénétration, tels que les tuiles ou les bardeaux, sont en bon état et bien fixés. Les matériaux endommagés ou mal fixés peuvent permettre à l'eau de pénétrer dans la toiture.

Examinez les éléments eux-mêmes : Inspectez les éléments qui traversent le toit, tels que les cheminées et les évents, pour détecter tout signe de dommages ou de détérioration. Assurez-vous qu'ils sont solidement fixés et qu'il n'y a pas de fissures ou de trous dans les matériaux.

Vérifiez l'étanchéité des raccords : Assurez-vous que les raccords entre les éléments de toiture et les éléments qui les traversent, comme les cheminées ou les évents, sont bien scellés et étanches. Les raccords mal scellés peuvent permettre à l'eau de s'infiltrer dans la maison.

Documentation des fuites

Lors de la documentation des fuites de votre toiture, il est important de fournir des informations détaillées pour aider à identifier et à résoudre les problèmes. Voici comment documenter les fuites efficacement :

Prenez des photos : Prenez des photos claires et nettes des zones où les fuites sont observées. Assurez-vous de capturer les dommages apparents ainsi que l'emplacement précis de la fuite sur la toiture.

Notez la date et l'heure : Notez la date et l'heure auxquelles les fuites ont été observées. Cela peut être utile pour suivre l'évolution des problèmes au fil du temps et pour déterminer si les fuites sont apparues après des conditions météorologiques spécifiques.

Décrivez les symptômes : Décrivez les symptômes associés à la fuite, tels que des taches d'eau sur les plafonds ou les murs, des gouttes d'eau provenant du plafond, ou des odeurs d'humidité ou de moisissure. Plus vous fournissez d'informations détaillées, mieux ce sera.

Identifiez les points de pénétration : Indiquez les points de pénétration de la toiture où les fuites sont observées, tels que les cheminées, les évents, les lucarnes ou les conduits de ventilation. Cela aidera à cibler les zones spécifiques nécessitant des réparations.

Évaluez l'étendue des dommages : Estimez l'étendue des dommages causés par la fuite, notamment s'il y a des dégâts matériels ou des risques pour la santé liés à la moisissure ou à l'humidité excessive.

Gardez une trace des réparations effectuées : Si des réparations ont été effectuées pour corriger les fuites, notez les détails des travaux réalisés, y compris les matériaux utilisés et les méthodes de réparation. Cela peut être utile pour référence future et pour informer les futurs propriétaires.

Identifier les matériaux de la toiture

Identifier les matériaux de votre toiture est important pour plusieurs raisons, notamment pour effectuer des réparations appropriées, planifier l'entretien et choisir les bons produits d'étanchéité ou de revêtement. Voici quelques étapes pour identifier les matériaux de votre toiture :

Examinez visuellement la toiture

Lorsque vous examinez visuellement votre toiture, voici quelques éléments à prendre en compte pour identifier les matériaux de couverture :

Texture et apparence : Observez la texture de la surface de la toiture. Les bardeaux d'asphalte ont généralement une texture granuleuse, tandis que les tuiles en terre cuite peuvent avoir une surface lisse ou texturée. Les toits en métal peuvent avoir une apparence lisse et brillante, tandis que les toits en bois peuvent avoir une texture plus naturelle et des rainures distinctes.

Couleur : Notez la couleur des matériaux de couverture. Les bardeaux d'asphalte sont disponibles dans une variété de couleurs, y compris le gris, le noir, le brun et le rouge. Les tuiles en terre cuite peuvent avoir des teintes de rouge, de brun, de gris ou de beige. Les toits en métal peuvent être de couleur argentée, noire, grise, rouge ou verte, selon le matériau utilisé.

Forme et motif : Identifiez la forme et le motif des matériaux de couverture. Les bardeaux d'asphalte sont généralement rectangulaires et disposés en rangées. Les tuiles en terre cuite peuvent avoir une forme plate ou incurvée, et sont souvent disposées en rangées de manière uniforme. Les toits en métal peuvent avoir des feuilles ondulées ou des panneaux lisses, selon le style de toiture.

Épaisseur : Estimez l'épaisseur des matériaux de couverture. Les bardeaux d'asphalte sont généralement plus minces que les tuiles en terre cuite ou les panneaux de métal. Les toits en métal peuvent varier en épaisseur en fonction du matériau utilisé, mais sont souvent plus minces que les tuiles en terre cuite.

État général : Évaluez l'état général des matériaux de couverture. Recherchez les signes de dommages, de fissures, de déformations ou de décoloration qui pourraient indiquer des problèmes de vieillissement ou de détérioration.

Recherchez des caractéristiques distinctives

Lorsque vous recherchez des caractéristiques distinctives pour identifier les matériaux de votre toiture, voici quelques éléments à prendre en compte :

Texture et apparence : Observez la texture de la surface de la toiture. Les bardeaux d'asphalte ont souvent une texture granuleuse, tandis que les tuiles en terre cuite peuvent avoir une texture lisse ou texturée. Les toits en métal peuvent avoir une apparence lisse et brillante, tandis que les toits en bois peuvent avoir une texture plus naturelle et des rainures distinctes.

Couleur : Notez la couleur des matériaux de couverture. Les bardeaux d'asphalte sont disponibles dans une variété de couleurs, y compris le gris, le noir, le brun et le rouge. Les tuiles en terre cuite peuvent avoir des teintes de rouge, de brun, de gris ou de beige. Les toits en métal peuvent être de couleur argentée, noire, grise, rouge ou verte, selon le matériau utilisé.

Forme et motif : Identifiez la forme et le motif des matériaux de couverture. Les bardeaux d'asphalte sont généralement rectangulaires et disposés en rangées. Les tuiles en terre cuite peuvent avoir une forme plate ou incurvée, et sont souvent disposées en rangées de manière uniforme. Les toits en métal peuvent avoir des feuilles ondulées ou des panneaux lisses, selon le style de toiture.

Épaisseur : Estimez l'épaisseur des matériaux de couverture. Les bardeaux d'asphalte sont généralement plus minces que les tuiles en terre cuite ou les panneaux de métal. Les toits en métal peuvent varier en épaisseur en fonction du matériau utilisé, mais sont souvent plus minces que les tuiles en terre cuite.

État général : Évaluez l'état général des matériaux de couverture. Recherchez les signes de dommages, de fissures, de déformations ou de décoloration qui pourraient indiquer des problèmes de vieillissement ou de détérioration.

En examinant ces caractéristiques distinctives, vous pouvez généralement identifier le type de matériau de votre toiture. Si vous avez des doutes ou des difficultés à identifier les matériaux de votre toiture, n'hésitez pas à faire appel à un professionnel de la toiture pour obtenir de l'aide.

Consultez les documents de propriété

Consulter les documents de propriété de votre maison peut fournir des informations précieuses sur les matériaux de toiture utilisés lors de la construction initiale ou des rénovations antérieures. Voici quelques documents à examiner :

Plans de construction : Les plans de construction de votre maison peuvent inclure des détails sur les matériaux de toiture utilisés, tels que les types de bardeaux, de tuiles ou de matériaux d'étanchéité.

Factures d'entretien ou de réparation : Si des travaux de toiture ont été effectués récemment, les factures d'entretien ou de réparation peuvent indiquer les matériaux utilisés et les types de travaux effectués.

Rapports d'inspection de la maison : Les rapports d'inspection de la maison, notamment ceux effectués avant l'achat de la maison, peuvent contenir des informations sur l'état de la toiture et les matériaux de couverture.

Dossiers de garantie : Si la toiture a été remplacée ou réparée récemment, les dossiers de garantie des matériaux de toiture peuvent indiquer les spécifications des produits utilisés.

Permis de construction : Les permis de construction délivrés pour les travaux de toiture peuvent fournir des détails sur les matériaux approuvés pour une utilisation sur votre toit.

Préparation et sécurité

Outils et équipements nécessaires

Pour garantir votre sécurité lors de l'inspection ou des réparations de votre toiture, une échelle stable est indispensable. Voici quelques conseils pour choisir et utiliser une échelle en toute sécurité :

Choix de l'échelle

Longueur appropriée : Choisissez une échelle de la bonne longueur pour atteindre confortablement la toiture sans avoir à vous étirer ou à vous pencher dangereusement.

Poids et capacité de charge : Assurez-vous que l'échelle peut supporter votre poids ainsi que celui de tout équipement que vous pourriez transporter avec vous sur la toiture.

Matériaux de qualité : Optez pour une échelle fabriquée à partir de matériaux solides et durables, tels que l'aluminium ou l'acier, pour assurer sa stabilité et sa durabilité.

Pieds antidérapants : Recherchez une échelle équipée de pieds antidérapants en caoutchouc pour une adhérence maximale sur différentes surfaces.

Utilisation sécuritaire de l'échelle

Positionnement correct : Placez l'échelle sur une surface plane, solide et non glissante, telle que du béton ou de l'herbe. Évitez de la poser sur des surfaces instables comme le gravier ou le sol mou.

Angle approprié : Inclinez l'échelle à un angle sûr d'environ 75 degrés par rapport au sol. Utilisez la règle du 4 contre 1 : pour chaque 4 pieds de hauteur, éloignez la base de l'échelle d'1 pied.

Ancrage sécurisé : Fixez fermement l'échelle en utilisant les dispositifs d'ancrage appropriés, tels que des crochets de toit ou des dispositifs de blocage, pour empêcher tout glissement ou basculement.

Montez et descendez prudemment : Montez et descendez de l'échelle en utilisant les marches ou les barreaux avec précaution.

Assurez-vous de ne pas surcharger l'échelle et évitez de vous pencher sur le côté.

Gardez une main libre : Lorsque vous montez ou descendez de l'échelle, gardez toujours au moins une main libre pour vous tenir à la rampe ou à la structure de l'échelle.

Harnais de sécurité et ligne de vie

Pour assurer une sécurité maximale lors du travail sur votre toiture, l'utilisation d'un harnais de sécurité et d'une ligne de vie est essentielle. Voici ce que vous devez savoir sur ces équipements de sécurité :

Harnais de sécurité

Choix du harnais : Assurez-vous de choisir un harnais de sécurité de qualité, conçu spécifiquement pour les travaux en hauteur et conforme aux normes de sécurité en vigueur.

Taille appropriée : Sélectionnez un harnais de la bonne taille pour un ajustement confortable et sûr. Assurez-vous que toutes les sangles sont correctement ajustées pour éviter tout glissement ou défaillance du harnais pendant le travail.

Points d'attache : Vérifiez que le harnais est équipé de points d'attache robustes et sécurisés, tels que des boucles dorsales et des points d'ancrage stables, pour attacher la ligne de vie.

Formation et familiarisation : Avant de l'utiliser, assurez-vous de bien comprendre comment mettre et ajuster correctement le harnais. Familiarisez-vous avec toutes les fonctionnalités et les mécanismes de sécurité du harnais.

Ligne de vie

Type de ligne de vie : Choisissez une ligne de vie adaptée à vos besoins spécifiques. Il existe différents types de lignes de vie, y compris les lignes de vie fixes, les lignes de vie temporaires et les systèmes de ligne de vie auto-rétractables.

Inspection régulière : Vérifiez régulièrement l'état de la ligne de vie pour vous assurer qu'elle est en bon état de fonctionnement.

Recherchez les signes de dommages, d'usure ou de corrosion, et remplacez-la si nécessaire.

Formation à l'utilisation : Avant de commencer à travailler sur votre toiture, assurez-vous de recevoir une formation adéquate sur l'utilisation de la ligne de vie. Apprenez comment attacher et détacher correctement le harnais, ainsi que les meilleures pratiques de sécurité lors de l'utilisation de la ligne de vie.

Chaussures antidérapantes

Le choix de chaussures antidérapantes est très important pour assurer votre sécurité lors du travail sur votre toiture. Voici quelques conseils pour choisir les bonnes chaussures antidérapantes :

Semelles adhérentes : Optez pour des chaussures dotées de semelles en caoutchouc qui offrent une adhérence maximale sur une variété de surfaces, y compris les toitures mouillées ou inclinées.

Profil de la semelle : Recherchez des chaussures avec un profil de semelle profond et des motifs de traction qui aident à maintenir une bonne adhérence sur les surfaces glissantes.

Stabilité et support : Choisissez des chaussures offrant un bon support de la cheville et une stabilité latérale pour éviter les entorses et les glissades sur le toit.

Légèreté et confort : Assurez-vous que les chaussures sont légères et confortables pour que vous puissiez travailler longtemps sans fatigue excessive.

Durabilité : Optez pour des chaussures fabriquées à partir de matériaux durables et résistants à l'eau pour assurer leur longévité et leur capacité à résister aux éléments.

Taille et ajustement : Assurez-vous que les chaussures sont de la bonne taille et bien ajustées pour éviter tout glissement ou frottement pendant le travail.

Protection supplémentaire : Recherchez des chaussures avec des embouts en acier ou en composite pour une protection supplémentaire des orteils contre les chutes d'objets ou les écrasements.

Gants de travail

Le port de gants de travail est essentiel pour protéger vos mains pendant le travail sur votre toiture. Voici quelques conseils pour choisir les bons gants de travail

Matériau résistant : Optez pour des gants fabriqués à partir de matériaux résistants, tels que le cuir, le caoutchouc ou le nylon renforcé, pour une protection maximale contre les coupures, les éraflures et les déchirures.

Adhérence et dextérité : Recherchez des gants avec une bonne adhérence sur les surfaces sèches et humides, mais qui offrent également une bonne dextérité pour manipuler les outils et les matériaux de toiture avec précision.

Confort et respirabilité : Choisissez des gants qui sont confortables à porter pendant de longues périodes et qui permettent une bonne circulation de l'air pour éviter l'accumulation de transpiration et d'humidité.

Taille appropriée : Assurez-vous que les gants sont de la bonne taille et bien ajustés pour éviter tout glissement ou restriction de mouvement pendant le travail.

Protection supplémentaire : Recherchez des gants avec des renforts ou des rembourrages supplémentaires au niveau des paumes, des doigts et des articulations pour une protection supplémentaire contre les chocs et les impacts.

Résistance à l'eau : Si vous travaillez par temps humide ou sur une toiture mouillée, choisissez des gants résistants à l'eau pour garder vos mains au sec et éviter les engourdissements ou les irritations cutanées.

Facilité de nettoyage : Optez pour des gants qui sont faciles à nettoyer et à entretenir pour assurer leur durabilité et leur hygiène.

Lunettes de protection

Le port de lunettes de protection est crucial pour protéger vos yeux des débris, des éclats et des particules volantes lors du travail sur votre toiture. Voici quelques points à considérer lors du choix des lunettes de protection :

Protection latérale : Choisissez des lunettes qui offrent une protection latérale pour protéger vos yeux des débris provenant de différentes directions.

Résistance aux chocs : Recherchez des lunettes de protection certifiées ANSI Z87.1 ou équivalentes, qui sont conçues pour résister aux impacts élevés et offrir une protection maximale contre les débris volants.

Protection UV : Optez pour des lunettes de protection avec des lentilles teintées ou traitées pour filtrer les rayons UV nocifs du soleil si vous travaillez à l'extérieur pendant de longues périodes.

Confort : Choisissez des lunettes qui sont confortables à porter pendant de longues périodes et qui ne glissent pas ou ne causent pas d'inconfort sur votre visage.

Compatibilité avec d'autres équipements de sécurité : Assurez-vous que les lunettes de protection peuvent être portées confortablement avec d'autres équipements de sécurité tels que des casques de sécurité ou des masques respiratoires si nécessaire.

Anti-buée et anti-rayures : Recherchez des lunettes de protection avec des traitements anti-buée et anti-rayures pour une vision claire et une durabilité accrue.

Ajustement personnalisé : Choisissez des lunettes avec des branches réglables ou des ponts de nez pour un ajustement personnalisé et confortable.

Casque de sécurité

Le port d'un casque de sécurité est une mesure importante pour protéger votre tête des blessures en cas de chute d'objets ou de chocs pendant le travail sur votre toiture. Voici ce que vous devez rechercher lors du choix d'un casque de sécurité :

Certification de sécurité : Assurez vous que le casque de sécurité est certifié conforme aux normes de sécurité en vigueur, telles que ANSI Z89.1 aux États-Unis ou EN 397 en Europe.

Coque extérieure robuste : Recherchez un casque avec une coque extérieure solide en plastique dur ou en polyéthylène pour une protection maximale contre les chocs et les chutes d'objets.

Doublure intérieure absorbant les chocs : Choisissez un casque avec une doublure intérieure en mousse ou en plastique absorbant les chocs pour réduire la force des impacts sur votre tête en cas de chute.

Ajustement personnalisé : Optez pour un casque avec un système de suspension réglable ou des sangles de menton réglables pour un ajustement personnalisé et sécurisé.

Confort : Choisissez un casque qui est confortable à porter pendant de longues périodes de travail. Assurez-vous qu'il est bien ventilé pour éviter l'accumulation de chaleur et d'humidité à l'intérieur du casque.

Compatibilité avec d'autres équipements de sécurité : Assurez-vous que le casque est compatible avec d'autres équipements de sécurité tels que des lunettes de protection, des écouteurs ou des masques respiratoires si nécessaire.

Visibilité : Recherchez un casque avec une visière ou une calotte translucide pour protéger votre visage des débris tout en offrant une bonne visibilité périphérique.

Durabilité : Optez pour un casque de qualité fabriqué à partir de matériaux durables et résistants à l'usure pour assurer sa longévité et sa fiabilité dans des conditions de travail difficiles.

Outils manuels

Lorsque vous travaillez sur votre toiture, il est important d'avoir les bons outils manuels pour effectuer efficacement les réparations ou l'entretien nécessaires. Voici une liste des outils manuels couramment utilisés pour les travaux de toiture :

Marteau de charpentier : Utilisé pour enfoncer les clous et fixer les matériaux de toiture en place.

Pince à bardeaux : Pour retirer les bardeaux endommagés ou pour accéder aux zones difficiles à atteindre sur le toit.

Couteau utilitaire : Pour couper les matériaux de toiture tels que les bardeaux, les feutres bitumineux ou les membranes d'étanchéité.

Tournevis : Utilisé pour retirer les vis ou les fixations des accessoires de toiture tels que les gouttières ou les évents.

Pince coupante diagonale : Pour couper les fils métalliques ou les clous qui dépassent des matériaux de toiture.

Ciseaux à tôle : Pour couper les feuilles de métal ou les matériaux de toiture rigides tels que les tuiles métalliques.

Niveau à bulle : Pour vérifier l'aplomb et l'horizontalité des matériaux de toiture et des structures sous-jacentes.

Mètre ruban : Pour mesurer les dimensions des matériaux de toiture et des zones à réparer ou à remplacer.

Crayon de charpentier : Pour marquer les lignes de coupe ou les emplacements des fixations sur les matériaux de toiture.

Gants de travail : Pour protéger vos mains des coupures, des éraflures et des échardes pendant le travail sur la toiture.

Assurez-vous de disposer de tous les outils nécessaires avant de commencer tout travail sur votre toiture. Veillez également à les utiliser avec précaution et à suivre les instructions de sécurité appropriées pour éviter les blessures.

Tuyau d'arrosage

Un tuyau d'arrosage peut être un outil utile lors de l'inspection de votre toiture pour détecter les fuites ou les zones endommagées. Voici comment vous pouvez l'utiliser efficacement :

Réglez le jet : Réglez le jet d'eau sur un réglage de pulvérisation douce pour simuler une pluie légère et uniforme.

Commencez par le bas : Commencez par arroser la base de la toiture et travaillez lentement vers le haut pour couvrir toute la surface de la toiture.

Inspectez attentivement : Pendant que vous arrosez la toiture, inspectez attentivement les zones où l'eau pourrait s'infiltrer, telles que les joints de toiture, les solins, les cheminées, les lucarnes et les évents.

Observez les signes de fuites : Recherchez tout signe d'accumulation d'eau, de gouttes ou de fuites à l'intérieur de votre maison ou dans le grenier pendant que vous arrosez la toiture.

Marquez les zones problématiques : Si vous trouvez des zones où l'eau s'infiltre, marquez-les pour y revenir plus tard et effectuer des réparations ou des corrections nécessaires.

Soyez prudent : Assurez-vous de rester en sécurité pendant l'utilisation du tuyau d'arrosage sur le toit. Évitez de vous pencher trop loin ou de vous placer dans des situations dangereuses.

L'utilisation d'un tuyau d'arrosage peut vous aider à détecter les fuites ou les zones endommagées de votre toiture avant qu'elles ne deviennent des problèmes plus graves. Cependant, si vous n'êtes pas à l'aise avec l'idée de monter sur votre toit ou si vous trouvez des problèmes significatifs, il est préférable de faire appel à un professionnel de la toiture pour obtenir de l'aide.

Matériaux de sécurité pour le toit

Lorsque vous travaillez sur votre toiture, il est important d'utiliser des matériaux de sécurité appropriés pour protéger votre toit et assurer votre propre sécurité. Voici quelques-uns des matériaux de sécurité couramment utilisés pour le toit :

Couvreurs en caoutchouc : Les couvreurs en caoutchouc sont des matériaux de protection imperméables qui sont placés sur les zones vulnérables de la toiture, telles que les joints de toiture, les cheminées, les lucarnes et les évents, pour empêcher l'eau de s'infiltrer.

Clous et fixations : Utilisez des clous galvanisés ou en acier inoxydable de qualité supérieure pour fixer les matériaux de toiture en place de manière sécurisée. Assurez-vous de choisir des clous de la bonne longueur et du bon calibre pour votre type de toit.

Scellants : Les scellants sont utilisés pour remplir les lacunes et les fissures dans les matériaux de toiture, ainsi que pour sceller les joints et les coutures pour prévenir les fuites d'eau.

Bandes d'étanchéité : Les bandes d'étanchéité sont des matériaux autoadhésifs qui sont utilisés pour renforcer les joints et les coutures dans les matériaux de toiture, ainsi que pour fournir une barrière supplémentaire contre l'eau.

Échafaudages : Pour les projets de toiture plus importants, l'utilisation d'échafaudages peut fournir une plate-forme stable et sécurisée pour travailler en hauteur et accéder à toutes les zones de votre toit en toute sécurité.

Échelles de toit : Les échelles de toit sont spécialement conçues pour fournir un accès sécurisé à votre toiture. Assurez-vous d'utiliser une échelle de toit robuste et stable, et de suivre toutes les directives de sécurité appropriées lors de son utilisation.

Consignes de sécurité essentielles

Lorsque vous travaillez sur votre toiture, il est essentiel de suivre des consignes de sécurité strictes pour éviter les accidents et les blessures graves. Voici quelques consignes de sécurité essentielles à suivre :

Portez un équipement de protection individuelle (EPI)

Le port d'un équipement de protection individuelle (EPI) est essentiel pour assurer votre sécurité lors du travail sur votre toiture. Voici les éléments clés de l'EPI que vous devriez porter :

Casque de sécurité : Protège votre tête contre les chutes d'objets et les chocs en cas de chute.

Lunettes de protection : Protègent vos yeux des débris, des éclats et des particules volantes.

Chaussures antidérapantes : Offrent une adhérence maximale sur la surface de la toiture et préviennent les glissades et les chutes.

Gants de travail : Protègent vos mains des coupures, des éraflures et des échardes pendant le travail.

Harnais de sécurité (si nécessaire) : Utilisé avec une ligne de vie pour empêcher les chutes en cas de travail en hauteur.

Inspectez l'échelle et la toiture avant de monter

Avant de monter sur votre toiture, il est crucial d'inspecter à la fois l'échelle que vous allez utiliser et la surface de la toiture elle-même. Voici quelques points à prendre en considération lors de ces inspections :

Inspection de l'échelle

Stabilité : Assurez-vous que l'échelle est stable et en bon état. Vérifiez qu'elle repose sur une surface plane et solide.

Fixations : Contrôlez toutes les fixations de l'échelle, y compris les crochets supérieurs. Assurez-vous qu'elles sont sécurisées et en bon état.

Longueur : Vérifiez que l'échelle atteint la hauteur nécessaire pour accéder en toute sécurité à la toiture sans surplomb excessif.

Absence de défauts : Recherchez tout défaut visible, comme des échelons cassés, des fissures ou des signes de corrosion.

Capacité de charge : Assurez-vous que l'échelle est conçue pour supporter le poids de la personne qui l'utilise ainsi que le matériel qu'elle transporte.

Inspection de la toiture

Intégrité structurelle : Vérifiez visuellement la surface de la toiture pour détecter tout signe de dommage structurel, comme des zones affaissées ou des déformations.

État des matériaux : Contrôlez l'état des matériaux de la toiture, tels que les bardeaux, les tuiles ou les panneaux métalliques, pour repérer les signes de fissures, de déformations ou de détérioration.

Fuites apparentes : Recherchez des signes de fuites d'eau ou d'accumulation d'humidité, notamment des taches d'eau ou des moisissures, à l'intérieur de votre maison ou dans le grenier.

Sécurité des zones de travail : Assurez-vous que la surface de la toiture est exempte de débris, de mousses ou de tout autre obstacle pouvant compromettre votre sécurité pendant le travail.

Évitez de travailler par temps venteux, pluvieux ou glacial

Eviter de travailler par temps venteux, pluvieux ou glacial est une mesure de sécurité importante lorsqu'il s'agit de travailler sur votre toiture. Voici pourquoi chaque condition météorologique présente des risques spécifiques :

Temps venteux : Le vent peut rendre la surface de la toiture instable et augmenter le risque de chute. De plus, il peut rendre difficile le contrôle des matériaux et des outils, ce qui augmente le risque de blessures.

Temps pluvieux : La pluie rend la surface de la toiture glissante, ce qui augmente considérablement le risque de glissade et de chute. De plus, travailler sous la pluie peut réduire la visibilité et rendre les matériaux de toiture plus difficiles à manipuler en raison de leur poids accru.

Temps glacial : Les conditions glaciales peuvent rendre la surface de la toiture extrêmement glissante et augmenter le risque de glissade et de chute. De plus, le froid extrême peut entraîner une hypothermie ou des engelures, surtout si vous êtes mouillé.

Il est donc essentiel de vérifier les prévisions météorologiques avant de commencer tout travail sur votre toiture. Si le temps est défavorable, il est préférable de reporter les travaux à une journée plus clémente pour assurer votre sécurité. N'oubliez pas que votre sécurité est la priorité absolue, et il vaut mieux prendre des précautions supplémentaires plutôt que de risquer des blessures graves.

Utilisez des outils et des équipements appropriés

L'utilisation d'outils et d'équipements appropriés est essentielle pour assurer votre sécurité et l'efficacité de vos travaux sur votre toiture. Voici quelques points à considérer :

Choisissez les bons outils : Utilisez des outils conçus spécifiquement pour les travaux de toiture, tels que des marteaux de charpentier, des pinces à bardeaux, des couteaux utilitaires et des tournevis adaptés aux matériaux de toiture.

Vérifiez l'état des outils : Avant chaque utilisation, inspectez vos outils pour vous assurer qu'ils sont en bon état et qu'ils fonctionnent correctement. Remplacez tout outil endommagé ou usé.

Portez des équipements de protection individuelle (EPI) : Assurez-vous de porter votre EPI, y compris un casque de sécurité, des lunettes de protection, des chaussures antidérapantes et des gants de travail, pour vous protéger contre les blessures.

Utilisez des échelles et des échafaudages sûrs : Assurez-vous que vos échelles et échafaudages sont en bon état et correctement installés avant de les utiliser. Utilisez des échelles de toit spécialement conçues pour l'accès à la toiture.

Utilisez des équipements de levage si nécessaire : Si vous devez transporter des matériaux lourds sur votre toiture, utilisez des équipements de levage tels que des treuils ou des monte-charges pour réduire le risque de blessures dues à la manipulation manuelle.

Suivez les instructions du fabricant : Lorsque vous utilisez des équipements spécifiques, suivez toujours les instructions du fabricant pour leur utilisation sécuritaire et efficace.

En utilisant les bons outils et équipements, vous pouvez travailler de manière plus sûre et plus efficace sur votre toiture, tout en réduisant les risques d'accidents et de blessures. Assurez-vous également de suivre toutes les consignes de sécurité recommandées pour chaque outil ou équipement que vous utilisez.

Soyez conscient des lignes électriques

Être conscient des lignes électriques est essentiel lors du travail sur votre toiture pour éviter les chocs électriques potentiellement mortels. Voici quelques mesures de sécurité à prendre en compte :

Localisez les lignes électriques : Avant de commencer tout travail sur votre toiture, identifiez et marquez l'emplacement des lignes électriques aériennes à proximité de votre maison. Ces lignes peuvent être situées au-dessus de votre toit ou à proximité de votre propriété.

Gardez une distance de sécurité : Assurez-vous de maintenir une distance de sécurité suffisante par rapport aux lignes électriques. Respectez toujours les distances minimales recommandées par les autorités locales ou les compagnies de services publics.

Ne touchez pas aux lignes électriques : Ne jamais toucher aux lignes électriques avec des outils, des échelles ou d'autres équipements. Même une légère touche peut entraîner un choc électrique grave ou la mort.

Utilisez une surveillance visuelle : Gardez toujours un œil sur les lignes électriques pendant que vous travaillez sur votre toiture. Assurez-vous que vos outils et matériaux ne s'approchent pas accidentellement des lignes électriques.

Évitez de manipuler des objets métalliques près des lignes électriques : Les objets métalliques comme les échelles, les outils ou les matériaux de toiture peuvent conduire l'électricité. Évitez de les manipuler ou de les placer à proximité des lignes électriques.

En étant conscient des lignes électriques et en prenant les précautions nécessaires, vous pouvez éviter les risques d'accidents électriques tout en travaillant sur votre toiture en toute sécurité. Ne prenez jamais de risques inutiles et faites toujours preuve de prudence lorsque vous travaillez à proximité de lignes électriques.

Évitez de marcher sur des zones endommagées ou faibles de la toiture

Éviter de marcher sur des zones endommagées ou faibles de la toiture est essentiel pour garantir votre sécurité et éviter d'endommager davantage votre toit. Voici pourquoi cela est important et comment le faire :

Risque de chute : Les zones endommagées ou faibles de la toiture peuvent ne pas supporter votre poids et peuvent céder sous vos pieds, entraînant ainsi une chute potentiellement grave.

Dommages supplémentaires à la toiture : Marcher sur des zones déjà endommagées peut aggraver les problèmes existants, comme les fuites ou les dommages structurels, ce qui peut entraîner des coûts de réparation plus élevés.

Pour éviter de marcher sur des zones endommagées ou faibles de la toiture

Effectuez une inspection préalable : Avant de monter sur votre toit, inspectez visuellement la surface pour repérer les zones endommagées, affaissées ou faibles.

Utilisez des chemins de marche sûrs : Si vous devez vous déplacer sur la toiture, essayez de rester sur les zones solides et stables autant que possible, en évitant les zones suspectes ou fragiles.

Utilisez des planches ou des passerelles : Si vous devez accéder à une zone endommagée de la toiture, utilisez des planches ou des passerelles solides pour répartir votre poids et réduire le risque de dommages.

Faites appel à un professionnel si nécessaire : Si vous n'êtes pas sûr de l'état de votre toiture ou si vous devez accéder à des zones difficiles d'accès, envisagez de faire appel à un professionnel de la toiture pour effectuer les travaux nécessaires.

Réparation des fuites

Réparation temporaire en cas d'urgence

En cas d'urgence, il est important de prendre des mesures temporaires pour limiter les dommages causés par une fuite de toiture. Voici quelques étapes à suivre pour effectuer une réparation temporaire :

Nettoyez et séchez la zone

Avant de procéder à toute réparation sur votre toiture, il est essentiel de nettoyer et de sécher soigneusement la zone affectée. Voici comment procéder :

Éliminez les débris : Enlevez tous les débris, feuilles, branches ou autres éléments qui pourraient obstruer la zone où vous allez travailler. Utilisez un balai, une brosse ou un aspirateur pour nettoyer la surface de la toiture et dégager la zone autour de la fuite.

Nettoyez la zone avec de l'eau : Utilisez un tuyau d'arrosage ou un seau d'eau pour nettoyer la zone affectée. Appliquez de l'eau sur la zone et utilisez une brosse ou une éponge pour éliminer la saleté, la poussière et tout autre résidu accumulé.

Séchez la zone complètement : Une fois la zone nettoyée, utilisez des serviettes, des chiffons ou un sèche-cheveux pour sécher soigneusement la surface. Assurez-vous que la zone est complètement sèche avant de procéder à toute réparation, car toute humidité résiduelle pourrait compromettre l'efficacité de la réparation.

Attendez une journée sèche : Si possible, choisissez une journée ensoleillée et sèche pour effectuer les réparations. Cela permettra à la zone de sécher complètement et d'assurer une adhérence optimale des matériaux de réparation.

En nettoyant et en séchant correctement la zone affectée avant de procéder aux réparations, vous pouvez vous assurer que les matériaux de réparation adhèrent correctement et que la réparation est efficace.

Cela contribue également à prévenir la croissance de moisissures et à maintenir l'intégrité structurelle de votre toiture.

Appliquez un patch d'urgence

L'application d'un patch d'urgence est une mesure temporaire pour stopper les fuites de toiture jusqu'à ce qu'une réparation permanente puisse être effectuée. Voici comment appliquer un patch d'urgence :

Choisissez le matériau de patch approprié : Utilisez un matériau de réparation adapté au type de toiture que vous avez. Par exemple, vous pouvez utiliser du ruban adhésif étanche, du mastic pour toiture, des patchs auto-adhésifs en caoutchouc ou des feuilles métalliques pour couvrir la zone endommagée.

Nettoyez et préparez la zone endommagée : Assurez-vous que la zone autour de la fuite est propre, sèche et débarrassée de tout débris. Utilisez un chiffon ou une brosse pour enlever la saleté, la poussière et les résidus afin de permettre une meilleure adhérence du patch.

Découpez le patch à la taille appropriée : Coupez le patch à la taille nécessaire pour couvrir complètement la zone endommagée, en laissant un léger débordement sur les bords pour assurer une étanchéité maximale.

Appliquez le patch sur la zone endommagée : Collez fermement le patch sur la zone affectée en appuyant fermement pour assurer une bonne adhérence. Assurez-vous que le patch est bien fixé et qu'il couvre complètement la zone de fuite.

Lissez et scellez le patch : Utilisez vos doigts ou un rouleau pour lisser le patch et éliminer les bulles d'air ou les plis. Assurez-vous que les bords du patch sont bien scellés pour empêcher toute infiltration d'eau.

Laissez sécher ou durcir selon les instructions : Suivez les instructions du fabricant pour le temps de séchage ou de durcissement du matériau de patch. Attendez que le patch soit complètement sec ou durci avant de permettre tout contact avec de l'eau ou d'autres éléments.

Surveillez la zone réparée : Après avoir appliqué le patch d'urgence, surveillez attentivement la zone pour vous assurer qu'il n'y a pas de nouvelles fuites ou de problèmes. Prévoyez de faire une réparation permanente dès que possible.

Renforcez si nécessaire

Si vous estimez que le patch d'urgence nécessite un renforcement supplémentaire pour assurer une étanchéité maximale et une durabilité accrue, voici quelques étapes que vous pouvez suivre :

Identifiez les zones fragiles ou susceptibles de se dégrader : Examinez attentivement la zone où vous avez appliqué le patch d'urgence pour repérer les zones qui pourraient nécessiter un renforcement supplémentaire. Cela peut inclure les bords du patch, les zones de pliage ou les zones sujettes à une usure accrue.

Choisissez un matériau de renforcement approprié : Sélectionnez un matériau de renforcement robuste et durable qui convient au type de toiture que vous avez et qui peut être utilisé en conjonction avec le matériau de patch que vous avez appliqué. Par exemple, vous pouvez utiliser une bande adhésive en caoutchouc, une feuille métallique ou une membrane de renforcement.

Appliquez le matériau de renforcement : Coupez le matériau de renforcement à la taille nécessaire pour couvrir les zones fragiles ou les bords du patch d'urgence. Collez fermement le matériau de renforcement sur la zone concernée en appuyant fermement pour assurer une bonne adhérence.

Lissez et scellez le renforcement : Utilisez vos doigts ou un rouleau pour lisser le matériau de renforcement et éliminer les bulles d'air ou les plis. Assurez-vous que le matériau de renforcement est bien scellé sur la surface pour empêcher toute infiltration d'eau.

Laissez sécher ou durcir selon les instructions : Suivez les instructions du fabricant pour le temps de séchage ou de durcissement du matériau de renforcement. Attendez que le renforcement soit complètement sec ou durci avant de permettre tout contact avec de l'eau ou d'autres éléments.

Surveillez et réparez dès que possible

Après avoir appliqué un patch d'urgence pour stopper temporairement la fuite de toiture, il est essentiel de surveiller attentivement la zone réparée et de planifier une réparation permanente dès que possible. Voici pourquoi et comment :

Surveillance régulière : Inspectez régulièrement la zone réparée pour vous assurer qu'il n'y a pas de nouvelles fuites ou de dommages supplémentaires. Surveillez particulièrement pendant les périodes de pluie ou de conditions météorologiques défavorables.

Réparation permanente : Planifiez de faire une réparation permanente dès que possible pour éviter que la fuite ne se reproduise. Une réparation permanente peut nécessiter des matériaux de meilleure qualité et des techniques de réparation plus avancées pour assurer une étanchéité durable.

Prévenez les dommages supplémentaires : En effectuant une réparation permanente dès que possible, vous pouvez éviter que la fuite ne cause des dommages supplémentaires à votre maison, tels que des dommages structurels, des moisissures ou des problèmes d'isolation.

Documentation : Prenez des notes et des photos de la zone réparée pour suivre l'évolution de la réparation et pour référence future. Cela peut être utile en cas de réclamations d'assurance ou de besoins de maintenance ultérieurs.

Techniques pour réparer les fuites selon le type de toiture

Les techniques de réparation des fuites de toiture varient en fonction du type de toiture que vous avez. Voici quelques techniques courantes adaptées à différents types de toitures :

Toiture en bardeaux/asphalte

Remplacement des bardeaux endommagés : Si la fuite est causée par des bardeaux manquants, fissurés ou endommagés, remplacez-les individuellement.

Utilisation de mastic ou de scellant : Appliquez du mastic ou un scellant spécialement conçu pour les toitures en bardeaux pour combler les petites fissures ou les trous.

Réparation des solins : Assurez-vous que les solins autour des cheminées, des évents et des autres points de pénétration sont en bon état et bien scellés.

Toiture en tuiles

Remplacement des tuiles endommagées : Si des tuiles sont fissurées, cassées ou manquantes, remplacez-les individuellement en utilisant des tuiles de remplacement compatibles.

Utilisation de mastic ou de mortier : Appliquez du mastic ou du mortier pour réparer les petites fissures ou les lacunes entre les tuiles.

Réparation des solins : Vérifiez que les solins autour des points de pénétration sont en bon état et assurez-vous qu'ils sont correctement installés et scellés.

Toiture en métal

Réparation des joints et des fixations : Vérifiez les joints entre les panneaux de métal et assurez-vous qu'ils sont bien scellés. Remplacez les fixations rouillées ou endommagées.

Utilisation de mastics et de colles spéciales : Appliquez des mastics ou des colles spécialement conçus pour les toitures métalliques pour réparer les petites fissures ou les trous.

Réparation des solins : Assurez-vous que les solins autour des éléments de toiture sont en bon état et bien scellés pour empêcher les infiltrations d'eau.

Toiture en membrane bitumineuse ou en EPDM

Réparation des fissures et des perforations : Utilisez un patch en caoutchouc ou en membrane auto-adhésive pour couvrir les fissures ou les perforations dans la membrane.

Utilisation de mastics ou de colles spéciales : Appliquez des mastics ou des colles conçus pour les membranes bitumineuses ou en EPDM pour sceller les joints et les raccords.

Réparation des solins : Assurez-vous que les solins autour des éléments de toiture sont en bon état et correctement scellés pour empêcher les infiltrations d'eau.

Il est important de suivre les recommandations du fabricant des matériaux de toiture et d'utiliser des produits de réparation compatibles avec votre type de toiture. Si vous n'êtes pas sûr de la meilleure façon de réparer votre toiture, il est recommandé de faire appel à des professionnels de la toiture pour obtenir de l'aide.

Toiture en bardeaux/asphalte

Pour une toiture en bardeaux/asphalte, voici quelques techniques spécifiques pour réparer les fuites :

Remplacement des bardeaux endommagés : Si vous repérez des bardeaux fissurés, soulevés, manquants ou endommagés, remplacez-les individuellement. Soulevez les bardeaux voisins pour retirer le bardeau endommagé et installez un nouveau bardeau en utilisant des clous de toiture appropriés.

Utilisation de mastic ou de scellant : Pour les petites fissures ou les trous dans les bardeaux, utilisez un mastic ou un scellant spécialement conçu pour les toitures en bardeaux/asphalte. Appliquez le mastic ou le scellant sur la zone endommagée en utilisant une spatule ou un couteau à mastic.

Réparation des solins : Assurez-vous que les solins autour des cheminées, des évents de plomberie et des autres points de pénétration sont en bon état et bien scellés. Utilisez un scellant pour toiture ou un mastic pour réparer tout dommage ou toute dégradation des solins.

Remplacement des clous manquants ou desserrés : Vérifiez que tous les clous de toiture sont bien en place et correctement fixés. Remplacez les clous manquants ou desserrés pour garantir une fixation sécurisée des bardeaux.

Réparation des bardeaux endommagés par la glace ou le vent : Si vos bardeaux ont été endommagés par la glace ou le vent, utilisez un mastic pour toiture ou un scellant pour réparer les bardeaux fissurés ou soulevés. Assurez-vous que les bardeaux sont correctement fixés et qu'ils recouvrent complètement la zone endommagée.

En suivant ces techniques, vous devriez être en mesure de réparer les fuites sur votre toiture en bardeaux/asphalte de manière efficace. Assurez-vous de travailler par temps sec et de suivre les recommandations du fabricant des produits que vous utilisez. Si vous n'êtes pas sûr de la meilleure approche, il est recommandé de faire appel à des professionnels de la toiture pour obtenir de l'aide.

Toiture en tuiles

Pour réparer une fuite sur une toiture en tuiles, voici quelques techniques spécifiques à prendre en compte :

Remplacement des tuiles endommagées : Inspectez attentivement votre toiture pour repérer les tuiles fissurées, cassées ou manquantes. Remplacez ces tuiles individuellement en utilisant des tuiles de remplacement compatibles avec votre toiture. Assurez-vous que les nouvelles tuiles sont correctement installées et bien fixées.

Utilisation de mastic ou de mortier : Pour les petites fissures ou les lacunes entre les tuiles, utilisez du mastic pour toiture ou du mortier pour sceller les joints. Appliquez le mastic ou le mortier à l'aide d'une spatule ou d'un couteau à mastic, en veillant à remplir complètement les fissures.

Réparation des solins : Vérifiez que les solins autour des cheminées, des évents de plomberie et des autres points de pénétration sont en bon état et correctement scellés. Utilisez un mastic pour toiture ou un scellant pour réparer tout dommage ou toute dégradation des solins.

Réalignement des tuiles : Si des tuiles sont mal alignées ou déplacées, réalignez-les correctement pour assurer une couverture uniforme et étanche de votre toiture.

Utilisation de feuilles de plomb : Pour les zones où les tuiles rencontrent des éléments de toiture tels que les cheminées ou les murs, utilisez des feuilles de plomb pour créer une étanchéité supplémentaire. Installez les feuilles de plomb sous les tuiles pour empêcher l'eau de s'infiltrer.

Vérification des liteaux et des contre-liteaux : Assurez-vous que les liteaux et les contre-liteaux de votre toiture sont en bon état et correctement fixés. Remplacez tout liteau ou contre-liteau endommagé pour garantir une base solide pour vos tuiles.

Toiture en métal

Pour réparer une fuite sur une toiture en métal, voici quelques techniques spécifiques à prendre en compte :

Réparation des joints et des fixations : Vérifiez les joints entre les panneaux de métal et assurez-vous qu'ils sont bien scellés. Remplacez les fixations rouillées, desserrées ou endommagées. Utilisez des vis ou des rivets de remplacement appropriés pour fixer les panneaux de métal en place.

Utilisation de mastics et de colles spéciales : Pour les petites fissures ou les trous dans les panneaux de métal, utilisez des mastics ou des colles spécialement conçus pour les toitures métalliques. Appliquez le mastic ou la colle sur la zone endommagée à l'aide d'une spatule ou d'un couteau à mastic, en veillant à couvrir complètement la fissure ou le trou.

Réparation des solins : Assurez-vous que les solins autour des cheminées, des évents de plomberie et des autres points de pénétration sont en bon état et correctement scellés. Utilisez un mastic pour toiture ou un scellant pour réparer tout dommage ou toute dégradation des solins.

Utilisation de bandes de réparation auto-adhésives : Pour les zones présentant des fissures ou des perforations plus importantes, utilisez des bandes de réparation auto-adhésives en aluminium ou en caoutchouc pour couvrir la zone endommagée. Assurez-vous que la bande de réparation est bien collée et qu'elle recouvre complètement la zone à réparer.

Peinture de finition : Une fois les réparations terminées, envisagez d'appliquer une couche de peinture de finition spécialement conçue pour les toitures en métal. Cela aidera à sceller les réparations et à protéger la surface de la toiture contre la corrosion et les dommages futurs.

Toiture en membrane bitumineuse ou en EPDM

Pour réparer une fuite sur une toiture en membrane bitumineuse ou en EPDM (éthylène-propylène-diène-monomère), voici quelques techniques spécifiques à prendre en compte :

Réparation des fissures et des perforations : Utilisez un patch en caoutchouc ou en membrane auto-adhésive pour couvrir les fissures ou les perforations dans la membrane. Assurez-vous que la zone endommagée est propre et sèche avant d'appliquer le patch.

Utilisation de mastics ou de colles spéciales : Appliquez des mastics ou des colles spécialement conçus pour les membranes bitumineuses ou en EPDM pour sceller les joints et les raccords. Assurez-vous que le mastic ou la colle est compatible avec le matériau de votre toiture.

Réparation des joints et des raccords : Vérifiez les joints et les raccords de la membrane et assurez-vous qu'ils sont en bon état. Appliquez du mastic ou de la colle pour réparer tout dommage ou toute dégradation des joints et des raccords.

Utilisation de bandes de réparation auto-adhésives : Pour les zones présentant des fissures ou des perforations plus importantes, utilisez des bandes de réparation auto-adhésives en caoutchouc ou en aluminium pour couvrir la zone endommagée. Assurez-vous que la bande de réparation est bien collée et qu'elle recouvre complètement la zone à réparer.

Réparation des solins : Assurez-vous que les solins autour des cheminées, des évents de plomberie et des autres points de pénétration sont en bon état et correctement scellés. Utilisez un mastic pour toiture ou un scellant pour réparer tout dommage ou toute dégradation des solins.

Nettoyage et préparation de la zone endommagée : Avant d'appliquer toute réparation, nettoyez soigneusement la zone endommagée pour éliminer toute saleté, débris ou résidus. Assurez-vous que la zone est complètement sèche avant d'appliquer tout matériau de réparation.

Remplacement de matériaux endommagés

Tuiles ou ardoises cassées

Pour remplacer des tuiles ou des ardoises cassées sur votre toiture, suivez ces étapes :

Sécurité d'abord

La sécurité est primordiale lors de tout travail sur le toit. Voici quelques mesures de sécurité importantes à prendre en compte :

Équipement de protection individuelle (EPI) : Portez un harnais de sécurité, des chaussures antidérapantes, des gants de travail robustes, des lunettes de protection et un casque de sécurité pour vous protéger contre les chutes et les blessures.

Échelle stable : Assurez-vous que l'échelle est correctement positionnée, stable et sécurisée avant de monter sur le toit. Utilisez des dispositifs de stabilisation si nécessaire pour empêcher l'échelle de glisser.

Lignes de vie : Utilisez une ligne de vie et un harnais de sécurité attaché à un point d'ancrage solide pour vous protéger contre les chutes. Assurez-vous que la ligne de vie est correctement installée et inspectée avant utilisation.

Évitez les conditions météorologiques dangereuses : Ne travaillez pas sur le toit par temps venteux, pluvieux, glacial ou lorsqu'il y a des risques d'orage. Les conditions météorologiques défavorables peuvent rendre le toit glissant et augmenter le risque de chutes.

Identification des tuiles ou des ardoises endommagées

Pour identifier les tuiles ou les ardoises endommagées sur votre toiture, suivez ces étapes :

Inspection visuelle : Examinez attentivement votre toiture depuis le sol à l'aide de jumelles si nécessaire. Recherchez des signes évidents de tuiles ou d'ardoises manquantes, cassées, fissurées ou déplacées.

Examen de près : Si possible et en toute sécurité, montez sur le toit pour inspecter de plus près les zones suspectes. Utilisez une échelle stable et un équipement de sécurité approprié.

Recherchez des tuiles ou des ardoises endommagées : Parcourez votre toit section par section et inspectez chaque tuile ou ardoise individuellement. Recherchez des signes de fissures, de cassures, de déformations ou de déplacements.

Vérification des solins et des raccords : Assurez-vous de vérifier également les solins autour des cheminées, des évents de plomberie et des autres points de pénétration. Recherchez des signes de dommages ou de dégradations qui pourraient causer des fuites.

Documentation des dommages : Prenez des notes ou des photos des tuiles ou des ardoises endommagées que vous identifiez. Cela vous aidera à planifier les réparations.

Nettoyage de la zone

Avant de procéder au remplacement ou à la réparation des tuiles ou des ardoises endommagées sur votre toiture, il est important de nettoyer la zone autour des zones affectées. Voici comment procéder :

Élimination des débris : Utilisez un balai ou un râteau pour enlever les débris, les feuilles, les brindilles et autres débris qui pourraient obstruer la zone que vous allez travailler. Assurez-vous de nettoyer soigneusement la zone pour une meilleure accessibilité et sécurité.

Nettoyage de la saleté et des résidus : Utilisez un balai, une brosse ou un tuyau d'arrosage pour enlever la saleté, la poussière et les résidus de la surface de la toiture autour des tuiles ou des ardoises endommagées. Vous pouvez également utiliser un nettoyeur haute pression à basse pression pour un nettoyage plus approfondi, mais assurez-vous de ne pas endommager les matériaux de toiture.

Séchage de la zone : Si la zone est mouillée, laissez-la sécher complètement avant de continuer. Travailler sur une surface sèche garantira une meilleure adhérence des matériaux de réparation et réduira les risques de glissade ou de chute.

Protection des environs : Protégez les environs de la zone de travail en couvrant les gouttières et en sécurisant les objets ou les meubles situés en dessous. Cela évitera les dommages potentiels causés par les débris ou les matériaux de toiture qui pourraient tomber pendant les travaux.

Retrait des tuiles ou des ardoises cassées

Pour retirer les tuiles ou les ardoises cassées de votre toiture, suivez ces étapes avec précaution :

Équipement de sécurité : Assurez-vous de porter un équipement de protection individuelle, y compris un casque, des lunettes de protection, des gants de travail robustes et des chaussures antidérapantes. Si nécessaire, utilisez un harnais de sécurité attaché à une ligne de vie pour éviter les chutes.

Accès sécurisé : Utilisez une échelle stable et correctement positionnée pour accéder à la zone où se trouvent les tuiles ou les ardoises endommagées. Assurez-vous que l'échelle est solidement fixée et qu'elle repose sur une surface plane et solide.

Localisation des tuiles ou des ardoises endommagées : Identifiez les tuiles ou les ardoises cassées que vous allez retirer. Marquez la zone avec un crayon ou une craie pour faciliter le repérage une fois que vous êtes sur le toit.

Retrait des fixations : Utilisez un pied-de-biche, une barre à ongles ou un outil similaire pour retirer les clous, les crochets ou les fixations qui maintiennent les tuiles ou les ardoises cassées en place. Soyez prudent pour ne pas endommager les tuiles ou les ardoises environnantes.

Retrait des tuiles ou des ardoises : Une fois les fixations retirées, soulevez délicatement les tuiles ou les ardoises cassées pour les retirer de la toiture. Si elles sont coincées, utilisez un marteau et un burin pour les desserrer avec précaution.

Nettoyage de la zone : Une fois les tuiles ou les ardoises cassées retirées, nettoyez la zone pour éliminer les débris, la saleté et les résidus. Cela garantira une surface propre et prête pour l'installation des nouvelles tuiles ou ardoises.

Inspection supplémentaire : Profitez de l'occasion pour inspecter la zone sous les tuiles ou les ardoises retirées pour détecter d'autres dommages ou problèmes éventuels qui pourraient nécessiter des réparations.

Installation des nouvelles tuiles ou ardoises

Pour installer les nouvelles tuiles ou ardoises sur votre toiture, suivez ces étapes :

Préparation de la zone :

Assurez-vous que la zone où vous allez installer les nouvelles tuiles ou ardoises est propre et exempte de débris.

Vérifiez que les solins autour des cheminées, des évents et des autres points de pénétration sont en bon état et correctement scellés.

Positionnement des nouvelles tuiles ou ardoises :

Placez les nouvelles tuiles ou ardoises sur la zone préparée en les alignant correctement avec les tuiles ou ardoises existantes.

Assurez-vous que les tuiles ou ardoises sont correctement espacées et recouvrent complètement la zone à protéger.

Fixation des tuiles ou ardoises :

Utilisez des clous de toiture ou des crochets appropriés pour fixer les tuiles ou ardoises en place. Assurez-vous de suivre les recommandations du fabricant concernant le type et la longueur des fixations à utiliser.

Clouez les tuiles ou ardoises le long de leur bord supérieur, en veillant à ne pas les fixer trop près des bords pour éviter les fissures.

Installation des solins :

Une fois que les nouvelles tuiles ou ardoises sont en place, assurez-vous de réinstaller ou de réparer les solins autour des points de pénétration pour assurer une étanchéité optimale.

Finition et nettoyage :

Une fois toutes les tuiles ou ardoises installées, vérifiez qu'elles sont correctement fixées et alignées.

Nettoyez toute saleté ou débris qui pourrait être resté sur la toiture pendant l'installation.

Inspection finale :

Effectuez une inspection visuelle de la zone pour vous assurer que les nouvelles tuiles ou ardoises sont correctement installées et que la toiture est étanche.

Documentation :

Prenez des photos ou des notes des travaux effectués pour votre dossier personnel ou pour référence future.

En suivant ces étapes avec soin et en prenant le temps nécessaire pour une installation précise, vous devriez être en mesure de remplacer les tuiles ou ardoises endommagées de votre toiture de manière efficace et sécurisée. Si vous avez des doutes ou des préoccupations, n'hésitez pas à faire appel à des professionnels de la toiture pour obtenir de l'aide.

Réparation des solins

La réparation des solins est une étape importante pour assurer l'étanchéité de votre toiture autour des points de pénétration tels que les cheminées, les évents de plomberie et les lucarnes. Voici comment procéder pour réparer les solins :

Nettoyage de la zone : Commencez par nettoyer la zone autour du solin pour éliminer toute saleté, débris et vieux matériaux d'étanchéité.

Inspection des dommages : Examinez attentivement le solin pour repérer les fissures, les lacunes, les déchirures ou tout autre dommage qui pourrait compromettre son étanchéité.

Réparation des fissures : Utilisez un mastic ou un scellant compatible avec le matériau du solin pour remplir les fissures et les petites lacunes. Appliquez le mastic ou le scellant à l'aide d'une spatule ou d'un couteau à mastic, en veillant à ce qu'il adhère bien au solin et au matériau de toiture environnant.

Remplacement des sections endommagées : Si le solin est gravement endommagé ou déchiré, envisagez de le remplacer par une nouvelle pièce. Utilisez un solin de remplacement de taille appropriée et assurez-vous de l'installer correctement pour une étanchéité optimale.

Fixation et scellement : Fixez solidement le solin en place à l'aide de clous ou de vis appropriés, en veillant à ce qu'il soit correctement aligné et bien ajusté. Scellez soigneusement les bords du solin avec du mastic ou du scellant pour empêcher l'eau de s'infiltrer sous le solin.

Finition et protection : Une fois la réparation terminée, assurez-vous que le solin est correctement scellé et protégé contre les intempéries. Si nécessaire, appliquez une couche de peinture ou de scellant pour protéger le solin et prolonger sa durée de vie.

Inspection finale

Une inspection finale est une étape essentielle pour s'assurer que les réparations sur votre toiture ont été effectuées correctement et que votre toit est en bon état. Voici ce que vous devriez inclure dans votre inspection finale :

Examen visuel : Parcourez votre toiture visuellement pour repérer tout signe évident de dommages, de fuites ou de problèmes potentiels. Assurez-vous de vérifier toutes les zones où des réparations ont été effectuées ainsi que les zones adjacentes.

Vérification des réparations : Assurez-vous que toutes les réparations ont été effectuées selon les normes et les techniques appropriées. Vérifiez que les tuiles, ardoises, solins et autres matériaux de toiture ont été correctement installés et fixés en place.

Étanchéité : Vérifiez l'étanchéité de votre toit en examinant les joints, les raccords et les points de pénétration pour détecter toute trace d'humidité ou de fuite. Assurez-vous que les solins sont correctement scellés et que les matériaux d'étanchéité sont en bon état.

Intégrité structurale : Assurez-vous que la structure de votre toit est solide et stable. Vérifiez les poutres, les chevrons et les supports pour détecter tout signe de dommages ou d'affaiblissement.

Nettoyage et finition : Nettoyez toute saleté, débris ou résidus qui pourraient rester sur votre toiture après les travaux de réparation. Assurez-vous que votre toit a une apparence propre et soignée.

Documentation : Prenez des photos de votre toiture après les réparations pour votre dossier personnel. Notez toute observation ou problème que vous avez remarqué pendant l'inspection finale.

Une fois que vous avez terminé l'inspection finale et que vous êtes satisfait de l'état de votre toit, vous pouvez considérer les travaux comme terminés. Assurez-vous de surveiller régulièrement l'état de votre toit et de prendre des mesures immédiates pour corriger tout problème qui pourrait survenir à l'avenir.

Bardeaux manquants ou endommagés

Si vous constatez des bardeaux manquants ou endommagés sur votre toiture, il est important de les réparer ou de les remplacer rapidement pour éviter les fuites et préserver l'intégrité de votre toit. Voici comment procéder :

Préparation et sécurité

Avant de commencer toute réparation sur votre toiture, il est essentiel de se préparer correctement et de prendre les mesures de sécurité nécessaires. Voici ce que vous devez faire :

Équipement de sécurité : Portez un équipement de protection individuelle (EPI) approprié, y compris un harnais de sécurité, des chaussures antidérapantes, des gants de travail robustes, des lunettes de protection et un casque de sécurité. Assurez-vous que tout l'équipement est en bon état et correctement ajusté.

Échelle stable : Utilisez une échelle stable et correctement positionnée pour accéder au toit. Assurez-vous que l'échelle est solidement fixée au sol et qu'elle repose sur une surface plane et solide.

Si nécessaire, utilisez des dispositifs de stabilisation pour augmenter la stabilité de l'échelle.

Lignes de vie et points d'ancrage : Si vous devez travailler près du bord du toit ou si le toit est incliné, utilisez un harnais de sécurité attaché à une ligne de vie fixée à un point d'ancrage solide. Assurez-vous que les points d'ancrage sont correctement installés et conformes aux normes de sécurité.

Conditions météorologiques : Évitez de travailler sur le toit par temps venteux, pluvieux ou glacial. Les conditions météorologiques défavorables peuvent rendre la surface du toit glissante et augmenter les risques de chutes. Attendez que le temps soit sec et calme avant de commencer les travaux.

Inspection de l'échelle et du toit : Avant de monter sur le toit, inspectez soigneusement l'échelle pour vous assurer qu'elle est en bon état et qu'elle peut supporter votre poids. Vérifiez également l'état du toit pour détecter tout signe de fragilité ou de dommages structurels.

Inspection visuelle

L'inspection visuelle de votre toiture est une étape importante pour repérer les dommages potentiels et évaluer l'état général de votre toit. Voici comment procéder :

Examiner depuis le sol : Commencez par examiner votre toiture depuis le sol en vous tenant à une distance sûre. Utilisez des jumelles si nécessaire pour une inspection plus détaillée. Recherchez des signes évidents de dommages tels que des bardeaux manquants, des fissures, des déformations ou des affaissements.

Rechercher des signes d'usure : Surveillez les zones où l'usure est plus susceptible de se produire, telles que les joints de bardeaux, les solins autour des cheminées et des évents, ainsi que les zones sujettes à l'accumulation d'eau comme les gouttières et les drains.

Vérifier l'intégrité des bardeaux : Assurez-vous que les bardeaux sont tous en place et en bon état. Recherchez des signes de soulèvement, de fissuration ou de décoloration qui pourraient indiquer des problèmes sous-jacents.

Inspecter les solins et les raccords : Examinez les solins autour des points de pénétration tels que les cheminées, les évents et les lucarnes pour détecter toute trace de détérioration ou de dommages. Vérifiez également les raccords entre les différents matériaux de toiture pour vous assurer qu'ils sont étanches.

Rechercher des signes de moisissure ou de pourriture : Surveillez les zones où l'humidité pourrait s'infiltrer, telles que les coins de la toiture, les gouttières obstruées et les zones d'accumulation d'eau. Recherchez des signes de moisissure, de pourriture du bois ou de décoloration qui pourraient indiquer des fuites ou des problèmes d'étanchéité.

Documenter les observations : Prenez des photos des zones problématiques que vous identifiez pour votre dossier personnel ou pour référence future. Notez également toute observation importante que vous faites pendant l'inspection.

Accès au toit

L'accès au toit doit être effectué avec précaution pour garantir la sécurité du travailleur. Voici quelques directives à suivre pour assurer un accès sûr au toit :

Échelle stable : Utilisez une échelle appropriée, stable et correctement positionnée pour accéder au toit. Assurez-vous que l'échelle est en bon état, qu'elle est solidement fixée au sol et qu'elle repose sur une surface plane et solide.

Positionnement de l'échelle : Placez l'échelle de manière à ce qu'elle soit inclinée à un angle sûr, avec la base de l'échelle située à environ un quart de sa hauteur de l'endroit où elle repose contre le mur ou la gouttière du toit.

Fixation de l'échelle : Assurez-vous que l'échelle est correctement fixée pour éviter tout glissement ou basculement pendant l'ascension.

Utilisez des sangles ou des dispositifs de stabilisation si nécessaire pour augmenter la stabilité de l'échelle.

Escalade en toute sécurité : Montez et descendez de l'échelle en utilisant les marches ou les échelons avec précaution. Assurez-vous de toujours avoir une prise ferme et de garder les deux mains libres pour vous tenir à l'échelle.

Utilisation d'un harnais de sécurité : Si vous devez travailler près du bord du toit ou si le toit est incliné, utilisez un harnais de sécurité attaché à une ligne de vie fixée à un point d'ancrage solide. Assurez-vous que le harnais est correctement ajusté et que la ligne de vie est en bon état.

Surveillance des conditions météorologiques : Évitez de monter sur le toit par temps venteux, pluvieux ou glacial, car les conditions météorologiques défavorables peuvent rendre la surface du toit glissante et augmenter les risques de chutes.

Remplacement des bardeaux manquants

Le remplacement des bardeaux manquants sur votre toiture est une étape importante pour maintenir l'intégrité de votre toit et prévenir les fuites d'eau. Voici comment procéder pour remplacer les bardeaux manquants :

Préparation et sécurité : Avant de commencer les travaux, assurez-vous d'avoir l'équipement de sécurité approprié, y compris un harnais de sécurité, des chaussures antidérapantes, des gants de travail et des lunettes de protection. Assurez-vous également que l'échelle est stable et correctement positionnée.

Identification des bardeaux manquants : Repérez les zones de votre toiture où des bardeaux sont manquants en effectuant une inspection visuelle depuis le sol ou en montant sur le toit en toute sécurité.

Préparation de la zone : Nettoyez la zone autour des bardeaux manquants pour éliminer les débris et les résidus. Assurez-vous que la surface est propre et sèche avant d'installer les nouveaux bardeaux.

Sélection des nouveaux bardeaux : Choisissez des bardeaux de remplacement qui correspondent aux bardeaux existants en termes de couleur, de style et de matériaux. Assurez-vous d'avoir suffisamment de bardeaux pour couvrir la zone concernée.

Retrait des bardeaux endommagés : Utilisez un levier ou une barre à ongles pour soulever délicatement les bardeaux adjacents aux bardeaux manquants. Retirez les clous ou les attaches qui retiennent les bardeaux endommagés en place.

Installation des nouveaux bardeaux : Placez les nouveaux bardeaux de remplacement à l'emplacement des bardeaux manquants. Assurez-vous qu'ils sont correctement alignés avec les bardeaux environnants et qu'ils se chevauchent correctement.

Fixation des nouveaux bardeaux : Fixez les nouveaux bardeaux en place en utilisant des clous de toiture. Enfoncez les clous dans la partie supérieure des bardeaux, juste en dessous du chevauchement, pour les fixer solidement à la toiture.

Scellement des bardeaux : Appliquez un peu de mastic ou de scellant sur les bords des nouveaux bardeaux pour assurer une étanchéité supplémentaire. Appuyez fermement sur les bardeaux pour les sceller en place.

Finition et nettoyage : Vérifiez que les nouveaux bardeaux sont correctement installés et alignés avec les bardeaux adjacents. Nettoyez toute saleté ou débris qui pourrait être resté sur la toiture pendant les travaux de remplacement.

Inspection finale : Une fois les travaux terminés, effectuez une inspection finale pour vous assurer que les nouveaux bardeaux sont correctement installés et que la toiture est étanche.

Réparation des bardeaux endommagés

Si vous avez des bardeaux endommagés sur votre toiture, voici les étapes à suivre pour les réparer :

Évaluation des dommages : Commencez par inspecter les bardeaux endommagés pour évaluer l'étendue des dommages.

Recherchez les fissures, les déchirures, les déformations ou les morceaux manquants.

Préparation de la zone : Nettoyez la zone autour des bardeaux endommagés pour éliminer les débris et les saletés. Assurez-vous que la surface est propre et sèche pour une meilleure adhérence des matériaux de réparation.

Réparation des fissures ou déchirures : Si les dommages sont mineurs, vous pouvez utiliser un adhésif ou un mastic spécialement conçu pour les bardeaux. Appliquez-le sur la zone endommagée et lissez-le avec une spatule ou un couteau à mastic. Assurez-vous que le matériau de réparation adhère bien aux bardeaux environnants.

Remplacement des bardeaux gravement endommagés : Si les bardeaux sont trop endommagés pour être réparés, vous devrez les remplacer. Utilisez un levier ou une barre à ongles pour retirer délicatement les bardeaux endommagés. Veillez à ne pas endommager les bardeaux adjacents pendant le processus.

Installation des nouveaux bardeaux : Placez les nouveaux bardeaux de remplacement à l'emplacement des bardeaux endommagés. Assurez-vous qu'ils sont correctement alignés avec les bardeaux environnants et qu'ils se chevauchent correctement.

Fixation des nouveaux bardeaux : Utilisez des clous de toiture pour fixer les nouveaux bardeaux en place. Enfoncez les clous dans la partie supérieure des bardeaux, juste en dessous du chevauchement, pour les fixer solidement à la toiture.

Scellement des bardeaux : Appliquez un peu de mastic ou de scellant sur les bords des nouveaux bardeaux pour assurer une étanchéité supplémentaire. Appuyez fermement sur les bardeaux pour les sceller en place.

Finition et nettoyage

Une fois les réparations terminées, il est important de procéder à une finition soignée et à un nettoyage de la zone pour assurer que votre toiture soit en bon état et esthétiquement agréable. Voici les étapes à suivre pour la finition et le nettoyage :

Vérification des réparations : Avant de commencer le nettoyage, assurez-vous que toutes les réparations ont été effectuées correctement. Passez en revue les zones réparées pour vous assurer qu'elles sont solidement fixées et que les matériaux de réparation ont été correctement appliqués.

Retrait des débris : Utilisez un balai ou une brosse pour enlever tous les débris, les débris de bardeaux et les résidus qui pourraient être restés sur la toiture pendant les travaux de réparation. Veillez à nettoyer soigneusement les gouttières et les évents pour assurer un bon écoulement des eaux pluviales.

Nettoyage de la surface : Utilisez un tuyau d'arrosage pour rincer la surface de la toiture et éliminer toute saleté ou poussière résiduelle. Si nécessaire, utilisez un nettoyant doux spécialement conçu pour les toitures pour éliminer les taches tenaces ou les dépôts de moisissure.

Finition des détails : Assurez-vous que tous les détails de finition, tels que les solins, les raccords et les joints, sont propres et bien scellés. Appliquez un scellant ou un mastic supplémentaire si nécessaire pour assurer une étanchéité maximale.

Inspection finale

L'inspection finale est une étape essentielle pour s'assurer que toutes les réparations ont été effectuées correctement et que votre toiture est en bon état. Voici ce que vous devriez inclure dans votre inspection finale :

Examen visuel complet : Parcourez votre toiture visuellement pour vous assurer que toutes les zones réparées sont en bon état. Recherchez tout signe de dommages, de fuites ou de problèmes potentiels. Assurez-vous également que les matériaux de réparation sont correctement installés et alignés avec les matériaux environnants.

Vérification de l'étanchéité : Vérifiez l'étanchéité de votre toiture en inspectant les joints, les raccords et les points de pénétration pour détecter toute trace d'humidité ou de fuite. Assurez-vous que les solins et les scellants sont en bon état et qu'ils assurent une protection adéquate contre les infiltrations d'eau.

Intégrité structurelle : Assurez-vous que la structure de votre toit est solide et stable. Vérifiez les poutres, les chevrons et les supports pour détecter tout signe de dommages ou d'affaiblissement. Assurez-vous également que la toiture est correctement soutenue et qu'elle ne présente aucun affaissement ou aucune déformation.

Documentation des travaux : Prenez des photos de votre toiture après les réparations pour votre dossier personnel. Notez toute observation ou problème que vous avez remarqué pendant l'inspection finale. Conservez également une copie de toute documentation, telle que des factures ou des rapports d'inspection, pour vos dossiers.

Planification de l'entretien futur : En fonction des observations faites lors de l'inspection finale, élaborez un plan d'entretien futur pour votre toiture. Cela peut inclure des tâches telles que le nettoyage régulier, l'inspection saisonnière et les réparations préventives pour maintenir votre toiture en bon état.

Réparation des gouttières et des cheminées

La réparation des gouttières et des cheminées est une étape importante pour maintenir l'intégrité de votre toiture et prévenir les fuites d'eau. Voici comment procéder pour chaque élément :

Réparation des gouttières

Nettoyage des gouttières

Le nettoyage régulier des gouttières est essentiel pour assurer le bon fonctionnement de votre système de drainage et prévenir les dommages causés par l'eau. Voici comment procéder pour nettoyer vos gouttières :

Sécurité d'abord : Avant de commencer, assurez-vous d'avoir l'équipement de sécurité approprié, y compris des gants de travail, des lunettes de protection et une échelle stable. Veillez également à choisir une journée où il fait beau pour éviter de travailler sur des surfaces glissantes.

Préparez vos outils : Rassemblez tous les outils nécessaires, tels qu'une pelle à gouttière, un seau, une brosse à gouttière et un tuyau d'arrosage.

Commencez par enlever les gros débris : Utilisez une pelle à gouttière ou vos mains gantées pour retirer les feuilles, les branches, les aiguilles de pin et tout autre débris visible des gouttières. Placez les débris dans un seau pour les jeter plus tard.

Nettoyez les descentes pluviales : Assurez-vous de vérifier également les descentes pluviales pour vous assurer qu'elles ne sont pas obstruées. Utilisez une brosse à gouttière ou un tuyau d'arrosage pour nettoyer les descentes pluviales et les débarrasser de tout débris accumulé.

Rincez les gouttières : Une fois que vous avez enlevé tous les gros débris, utilisez un tuyau d'arrosage pour rincer les gouttières et les débarrasser des petits débris restants. Assurez-vous que l'eau s'écoule librement à travers les gouttières et les descentes pluviales.

Vérifiez l'inclinaison des gouttières : Pendant que vous nettoyez les gouttières, assurez-vous de vérifier qu'elles sont correctement inclinées vers les descentes pluviales. Si nécessaire, ajustez l'inclinaison des gouttières pour assurer un bon écoulement de l'eau.

Inspectez les gouttières pour les dommages : Profitez de l'occasion pour inspecter les gouttières et les fixations pour détecter tout signe de dommages ou de corrosion. Repérez les fissures, les trous ou les joints lâches qui pourraient nécessiter des réparations.

Nettoyez les environs : Une fois que vous avez terminé de nettoyer les gouttières, assurez-vous de nettoyer également les environs pour éliminer tout débris qui pourrait obstruer les gouttières ou les descentes pluviales.

Inspection des gouttières

L'inspection régulière des gouttières est essentielle pour détecter tout dommage ou obstruction pouvant compromettre leur fonctionnement. Voici comment procéder à une inspection des gouttières :

Examen visuel : Commencez par inspecter visuellement les gouttières depuis le sol. Recherchez les signes évidents de dommages, tels que des fissures, des trous, des déformations ou des sections affaissées. Notez également tout débris ou obstruction visible.

Montée sur l'échelle : Si nécessaire, montez sur une échelle stable pour inspecter de plus près les gouttières. Assurez-vous de toujours avoir une main libre pour vous tenir à l'échelle et évitez de vous pencher trop loin pour éviter les chutes.

Inspection des joints et des fixations : Examinez attentivement les joints et les fixations des gouttières pour détecter tout signe de corrosion, de lâcheté ou de dommage. Assurez-vous que toutes les fixations sont solidement en place et que les joints sont bien scellés.

Vérification de l'écoulement de l'eau : Pendant que vous inspectez les gouttières, vérifiez que l'eau s'écoule librement à travers les gouttières et les descentes pluviales. Recherchez les zones où l'eau pourrait s'accumuler ou déborder, ce qui pourrait indiquer un problème d'obstruction.

Inspection des descentes pluviales : Assurez-vous de vérifier également les descentes pluviales pour détecter tout signe d'obstruction ou de dommage. Recherchez les débris accumulés à l'intérieur des descentes pluviales et assurez-vous qu'elles sont bien fixées à la maison.

Nettoyage des débris : Si vous rencontrez des débris pendant l'inspection, prenez le temps de les enlever à l'aide d'une pelle à gouttière ou de vos mains gantées. Assurez-vous que les gouttières sont propres et dégagées pour assurer un bon écoulement de l'eau.

Réparation des dommages mineurs

Pour réparer les dommages mineurs sur vos gouttières, tels que des fissures ou des trous, vous pouvez suivre ces étapes simples :

Nettoyez la zone : Avant de commencer les réparations, assurez-vous que la zone autour du dommage est propre et sèche.

Utilisez une brosse ou un chiffon pour enlever tout débris ou saleté qui pourrait interférer avec le processus de réparation.

Choisissez le bon matériau de réparation : Pour les fissures ou les trous, vous pouvez utiliser un mastic ou un scellant spécial pour gouttières, disponible dans les quincailleries ou les magasins de matériel de construction. Assurez-vous de choisir un produit conçu spécifiquement pour une utilisation sur des surfaces métalliques et étanches à l'eau.

Appliquez le mastic ou le scellant : Utilisez une spatule ou un couteau à mastic pour appliquer le mastic ou le scellant sur la zone endommagée de la gouttière. Assurez-vous de couvrir complètement le dommage et de lisser le matériau pour une finition uniforme.

Laissez sécher : Suivez les instructions du fabricant pour le temps de séchage recommandé. En général, le mastic ou le scellant devrait prendre quelques heures pour durcir complètement.

Vérifiez l'étanchéité : Une fois le mastic ou le scellant complètement sec, vérifiez l'étanchéité de la réparation en versant de l'eau dans la gouttière. Assurez-vous qu'il n'y a pas de fuites ou de signes d'humidité autour de la zone réparée.

Répétez au besoin : Si nécessaire, vous pouvez appliquer une deuxième couche de mastic ou de scellant pour renforcer la réparation. Assurez-vous de laisser suffisamment de temps pour que chaque couche sèche complètement avant d'appliquer la suivante.

Remplacement des sections endommagées

Si une section de votre gouttière est trop endommagée pour être réparée, vous devrez la remplacer. Voici les étapes à suivre pour remplacer une section endommagée de votre gouttière :

Mesurez la section à remplacer : Utilisez un ruban à mesurer pour déterminer la longueur de la section endommagée de votre gouttière. Mesurez avec précision pour vous assurer d'obtenir une nouvelle section de la bonne taille.

Achetez les matériaux de remplacement : Procurez-vous une nouvelle section de gouttière de la même taille et du même matériau que la gouttière existante. Vous aurez également besoin de nouveaux crochets de gouttière et de vis pour fixer la nouvelle section en place.

Retirez la section endommagée : Utilisez un tournevis ou une perceuse pour retirer les vis ou les crochets de fixation de la section endommagée de la gouttière. Soyez prudent lorsque vous retirez les fixations pour éviter d'endommager davantage la gouttière.

Installez la nouvelle section : Placez la nouvelle section de gouttière à l'emplacement de l'ancienne section et fixez-la en place à l'aide de nouveaux crochets de gouttière et de vis. Assurez-vous que la nouvelle section est correctement alignée avec les sections adjacentes pour un aspect uniforme.

Scellez les joints : Appliquez du mastic ou du scellant spécial pour gouttières sur les joints entre la nouvelle section de gouttière et les sections adjacentes pour assurer une étanchéité maximale.

Vérifiez l'écoulement de l'eau : Une fois la nouvelle section installée, vérifiez que l'eau s'écoule librement à travers la gouttière sans accumulation ni fuites.

Nettoyez la zone : Après avoir terminé le remplacement de la section de la gouttière, nettoyez la zone autour de la gouttière pour éliminer tout débris qui pourrait obstruer le système de drainage.

Fixation des supports

Pour fixer les supports de gouttière, suivez ces étapes :

Nettoyage et préparation : Assurez-vous que la zone autour des supports de gouttière est propre et sèche. Retirez tout débris ou saleté qui pourrait empêcher une fixation solide.

Vérification des supports existants : Examinez les supports de gouttière existants pour détecter tout signe de dommages ou de corrosion. Remplacez tout support endommagé ou affaibli.

Positionnement des nouveaux supports : Placez les nouveaux supports de gouttière le long de la gouttière à des intervalles réguliers, généralement tous les 60 à 90 centimètres. Assurez-vous qu'ils sont alignés correctement et qu'ils sont placés à la même hauteur que les supports existants.

Marquage des emplacements : Utilisez un crayon ou un marqueur pour marquer l'emplacement des trous de fixation sur la gouttière. Assurez-vous que les marques sont alignées avec les trous dans les supports de gouttière.

Perçage des trous : Utilisez une perceuse électrique et une mèche adaptée pour percer des trous pilotes dans la gouttière aux emplacements marqués. Assurez-vous de percer lentement et avec précaution pour éviter d'endommager la gouttière.

Fixation des supports : Placez les supports de gouttière sur les trous percés et fixez-les en place à l'aide de vis ou de boulons appropriés. Assurez-vous que les supports sont solidement fixés à la gouttière et qu'ils sont bien alignés.

Vérification de la solidité : Une fois les supports fixés en place, assurez-vous qu'ils sont solides et stables. Secouez légèrement la gouttière pour tester sa solidité et ajustez les supports si nécessaire.

Répétez au besoin : Répétez ce processus pour tous les autres supports de gouttière le long de la gouttière, en vous assurant que chaque support est correctement fixé en place.

En suivant ces étapes, vous devriez être en mesure de fixer correctement les supports de gouttière et d'assurer un bon soutien pour votre système de drainage. Assurez-vous de travailler avec précaution et de suivre les instructions du fabricant pour obtenir les meilleurs résultats.

Réparation des cheminées

Inspection de la cheminée

L'inspection de la cheminée est une étape importante pour détecter tout dommage ou détérioration pouvant compromettre son intégrité structurelle et son bon fonctionnement. Voici comment procéder à une inspection de la cheminée :

Examen visuel externe : Commencez par inspecter visuellement l'extérieur de la cheminée depuis le sol. Recherchez tout signe évident de dommages, tels que des fissures, des fissures dans le mortier, des briques lâches ou des signes de détérioration. Assurez-vous également que le chapeau de cheminée est en bon état et correctement fixé.

Montée sur l'échelle : Si nécessaire, montez sur une échelle stable pour inspecter de plus près la partie supérieure de la cheminée et le chapeau de cheminée. Soyez prudent lorsque vous montez sur l'échelle.

Inspection de l'intérieur : Si vous avez accès à l'intérieur de la cheminée, utilisez une lampe de poche pour inspecter le conduit de fumée et les parois intérieures de la cheminée. Recherchez tout signe de dépôts de suie, de créosote ou de dommages structurels.

Vérification des joints et du mortier : Examinez attentivement les joints entre les briques ou les blocs de la cheminée ainsi que le mortier pour détecter tout signe de détérioration ou de fissuration. Assurez-vous que les joints sont solides et bien scellés pour éviter les fuites de fumée ou d'eau.

Vérification de l'étanchéité : Vérifiez que le chapeau de cheminée est bien fixé et en bon état pour empêcher l'eau, les débris et les animaux d'entrer dans la cheminée. Assurez-vous également que le conduit de fumée est exempt de tout blocage ou obstruction qui pourrait compromettre son fonctionnement.

Nettoyage des débris : Si vous rencontrez des débris ou des obstructions pendant l'inspection, nettoyez-les à l'aide d'une brosse ou d'un aspirateur pour dégager le conduit de fumée.

Réparation des fissures et des joints

Pour réparer les fissures et les joints endommagés dans votre cheminée, suivez ces étapes :

Nettoyage de la zone : Commencez par nettoyer la zone autour des fissures et des joints à l'aide d'une brosse métallique ou d'une brosse rigide pour enlever la saleté, la suie et tout autre débris. Assurez-vous que la surface est propre et sèche avant de commencer les réparations.

Préparation de la surface : Utilisez un grattoir ou une spatule pour enlever les morceaux de mortier lâches ou endommagés autour des fissures et des joints. Assurez-vous d'enlever tout matériau qui pourrait compromettre l'adhérence de la nouvelle réparation.

Choix du matériau de réparation : Sélectionnez un matériau de réparation approprié pour les fissures et les joints de votre cheminée. Les options courantes incluent le mortier réfractaire, le mastic à cheminée ou le ciment de réparation spécialement conçu pour une utilisation sur les cheminées.

Application du matériau de réparation : Suivez les instructions du fabricant pour préparer le matériau de réparation. Utilisez une truelle ou une spatule pour appliquer le matériau de manière uniforme dans les fissures et autour des joints endommagés. Assurez-vous de remplir complètement les fissures et de lisser le matériau pour une finition uniforme.

Lissage et finition : Utilisez une brosse ou une éponge humide pour lisser et façonner le matériau de réparation avant qu'il ne sèche complètement. Assurez-vous que la réparation est bien intégrée dans la cheminée et qu'elle est alignée avec la surface environnante.

Séchage et durcissement : Laissez le matériau de réparation sécher et durcir complètement selon les instructions du fabricant. Cela peut prendre plusieurs heures ou jours, selon le type de matériau utilisé et les conditions météorologiques.

Vérification de l'étanchéité : Une fois que la réparation est sèche, vérifiez qu'elle est bien étanche en versant de l'eau sur la zone réparée. Assurez-vous qu'il n'y a pas de fuites ou de signes d'humidité autour de la réparation.

Finition : Si nécessaire, appliquez une couche de peinture ou de scellant pour protéger et esthétiquement la réparation.

Remplacement des briques endommagées

Pour remplacer les briques endommagées dans votre cheminée, suivez ces étapes :

Identification des briques à remplacer : Examinez la cheminée pour repérer les briques endommagées. Recherchez les briques fissurées, cassées ou lâches qui doivent être remplacées.

Retrait des briques endommagées : Utilisez un burin et un marteau pour retirer délicatement les briques endommagées. Cassez-les en petits morceaux et retirez-les soigneusement pour éviter d'endommager davantage la cheminée.

Nettoyage de la zone : Une fois les briques retirées, nettoyez la zone autour de l'ouverture avec une brosse métallique pour éliminer les débris et les restes de mortier.

Préparation des nouvelles briques : Avant d'installer les nouvelles briques, assurez-vous qu'elles sont de la même taille et de la même couleur que les briques existantes. Si nécessaire, découpez les nouvelles briques à la taille appropriée à l'aide d'une scie à maçonnerie.

Préparation du mortier : Mélangez le mortier réfractaire selon les instructions du fabricant jusqu'à obtenir une consistance crémeuse.

Installation des nouvelles briques : Appliquez une couche généreuse de mortier sur le fond de l'ouverture de la cheminée là où ira la première rangée de briques. Placez la première brique dans le mortier en appuyant fermement pour l'installer. Répétez le processus pour les autres briques, en veillant à ce qu'elles soient bien alignées et espacées uniformément.

Finition : Une fois que toutes les briques sont en place, utilisez une truelle pour lisser le mortier autour des joints et éliminer les excès. Assurez-vous que les joints sont bien remplis et que les briques sont solidement fixées en place.

Séchage du mortier : Laissez le mortier sécher complètement selon les instructions du fabricant, généralement pendant au moins 24 heures, avant d'utiliser à nouveau la cheminée.

Réparation du chapeau de cheminée

Pour réparer le chapeau de cheminée, suivez ces étapes :

Nettoyage du chapeau de cheminée : Utilisez une brosse métallique ou une brosse rigide pour enlever les débris, la suie et tout autre matériau accumulé sur le chapeau de cheminée. Assurez-vous qu'il est propre et sec avant de commencer les réparations.

Inspection des dommages : Examinez attentivement le chapeau de cheminée pour détecter tout signe de dommages, tels que des fissures, des éclats ou des déformations. Assurez-vous également que les fixations sont solides et que le chapeau est bien fixé sur la cheminée.

Réparation des fissures : Si vous trouvez des fissures dans le chapeau de cheminée, utilisez un scellant ou un mastic résistant à la chaleur pour les réparer. Appliquez le scellant dans les fissures en suivant les instructions du fabricant, puis lissez-le avec une spatule pour une finition uniforme.

Remplacement des pièces endommagées : Si une partie du chapeau de cheminée est gravement endommagée ou manquante, vous devrez peut-être la remplacer. Procurez-vous une pièce de remplacement de la même taille et du même matériau que le chapeau existant, puis fixez-la en place selon les instructions du fabricant.

Renforcement des fixations : Vérifiez que toutes les fixations du chapeau de cheminée sont bien serrées et sécurisées. Serrez les vis ou les boulons si nécessaire pour assurer un ajustement sûr.

Protection contre la rouille : Si votre chapeau de cheminée est en métal, assurez-vous qu'il est protégé contre la rouille en appliquant une couche de peinture ou de vernis résistant à la chaleur.

Vérification de l'ajustement : Une fois les réparations terminées, assurez-vous que le chapeau de cheminée est bien ajusté sur la cheminée et qu'il couvre correctement le conduit de fumée.

Réparation des zones de pourriture

Pour traiter les zones de pourriture de la toiture et renforcer la structure si nécessaire, suivez ces étapes :

Identification des zones endommagées

Pour identifier les zones endommagées sur votre toiture, suivez ces étapes :

Inspection visuelle : Montez sur votre toit en utilisant une échelle stable et examinez visuellement l'ensemble de la surface. Recherchez des signes évidents de dommages tels que des bardeaux ou des tuiles manquants, fissurés ou endommagés.

Recherche de fuites : Vérifiez les plafonds et les murs de votre maison à la recherche de taches d'eau, de moisissures ou de signes d'humidité, ce qui peut indiquer une fuite dans la toiture.

Examen des solins : Contrôlez les solins autour des cheminées, des lucarnes, des évents et d'autres points de pénétration de la toiture. Recherchez des signes de fissures, de déformations ou de décollement du matériau d'étanchéité.

Vérification des gouttières : Inspectez les gouttières et les descentes pluviales pour détecter tout signe de dommages ou de débris accumulés. Les obstructions dans les gouttières peuvent entraîner des débordements d'eau et des dommages à la toiture.

Examen de l'intérieur : Si possible, inspectez également l'intérieur de votre grenier pour rechercher des signes de fuites ou de dommages structurels. Recherchez des taches d'eau, des traces d'humidité ou des zones affaissées.

Élimination de la pourriture

Pour éliminer la pourriture de votre toiture, suivez ces étapes :

Sécurité d'abord : Assurez-vous de porter un équipement de protection individuelle (EPI) approprié, y compris des gants de travail, des lunettes de protection et un masque respiratoire, pour vous protéger contre les débris et les spores de moisissures.

Préparez la zone : Nettoyez la zone autour de la zone endommagée pour éliminer les débris et les obstacles. Assurez-vous que l'accès à la zone est sûr et que vous disposez de suffisamment d'espace pour travailler confortablement.

Retrait de la pourriture : Utilisez un grattoir, une brosse métallique ou une scie pour retirer la pourriture et les débris de la zone endommagée. Assurez-vous d'enlever toute la pourriture jusqu'à ce que vous atteigniez un bois sain et solide.

Nettoyage : Utilisez une solution d'eau de Javel diluée ou un nettoyant antifongique pour désinfecter la zone et éliminer les spores de moisissures. Appliquez le nettoyant sur la zone affectée et laissez-le agir pendant quelques minutes avant de rincer à l'eau propre.

Séchage : Assurez-vous que la zone est complètement sèche avant de procéder à toute réparation ou traitement supplémentaire. Utilisez un ventilateur ou un déshumidificateur pour accélérer le processus de séchage si nécessaire.

Traitement du bois : Appliquez un produit de traitement du bois pour prévenir la pourriture future et renforcer le bois existant. Suivez attentivement les instructions du fabricant pour une application appropriée et assurez-vous de laisser suffisamment de temps pour que le produit sèche complètement.

Réparation ou remplacement : Une fois la zone traitée et séchée, vous pouvez procéder à toute réparation ou remplacement nécessaire. Cela peut inclure le remplissage des lacunes avec un mastic ou une résine époxy, ou le remplacement complet du bois endommagé si nécessaire.

En éliminant efficacement la pourriture de votre toiture, vous pouvez prévenir les dommages structurels et prolonger la durée de vie de votre toit. Assurez-vous de suivre toutes les étapes de sécurité et de prendre votre temps pour effectuer les réparations correctement.

Traitement du bois affecté

Une fois que vous avez éliminé la pourriture de la zone affectée sur votre toiture, il est important de traiter le bois pour prévenir la réapparition de la pourriture et renforcer sa résistance future. Voici comment procéder pour traiter le bois affecté :

Nettoyage de la zone : Assurez-vous que la zone est propre et exempte de débris avant d'appliquer tout traitement. Utilisez une brosse ou un chiffon pour enlever toute saleté ou poussière résiduelle.

Choix du produit de traitement : Sélectionnez un produit de traitement du bois approprié, tel qu'un fongicide ou un insecticide, conçu pour prévenir la pourriture du bois et protéger contre les insectes nuisibles. Assurez-vous de choisir un produit spécifiquement formulé pour une utilisation en extérieur.

Application du traitement : Suivez attentivement les instructions du fabricant pour l'application du produit de traitement. Utilisez un pinceau, un pulvérisateur ou un rouleau pour appliquer uniformément le traitement sur la zone affectée du bois. Assurez-vous de couvrir toute la surface du bois pour une protection maximale.

Temps de séchage : Laissez le traitement sécher complètement selon les instructions du fabricant. Cela peut prendre plusieurs heures ou plusieurs jours en fonction du type de produit utilisé et des conditions météorologiques.

Répétez si nécessaire : En fonction de l'état du bois et de la gravité de la pourriture, il peut être nécessaire d'appliquer plusieurs couches de traitement pour une protection efficace. Assurez-vous de suivre les recommandations du fabricant pour les applications supplémentaires.

Entretien régulier : Pour maintenir l'efficacité du traitement du bois, effectuez des inspections régulières de votre toiture et réappliquez le traitement selon les besoins, en particulier après de fortes pluies ou en cas de conditions météorologiques extrêmes.

Renforcement du bois

Après avoir éliminé la pourriture et traité le bois affecté sur votre toiture, vous pouvez renforcer les zones affaiblies pour assurer la solidité et la durabilité de la structure. Voici quelques étapes pour renforcer le bois :

Évaluation de la gravité des dommages : Examinez attentivement la zone affectée pour déterminer l'étendue des dommages et la nécessité de renforcement. Si le bois est considérablement affaibli ou endommagé, un renforcement structurel peut être nécessaire.

Choix des matériaux de renforcement : Sélectionnez les matériaux de renforcement appropriés en fonction de la nature des dommages et de la structure de votre toiture. Les options de renforcement peuvent inclure l'ajout de poutres de soutien, de plaques métalliques, ou d'autres renforts structurels.

Installation des renforts : Installez les renforts de manière à fournir un soutien supplémentaire à la zone affaiblie. Assurez-vous que les renforts sont solidement fixés et bien ajustés pour assurer la stabilité de la structure.

Fixation des renforts : Utilisez des vis, des clous ou d'autres fixations appropriées pour fixer les renforts en place. Assurez-vous que les fixations sont correctement espacées et ancrées dans le bois solide pour une tenue sécurisée.

Intégration avec la structure existante : Assurez-vous que les renforts sont correctement intégrés avec la structure existante de la toiture pour assurer une distribution uniforme de la charge et une résistance aux forces extérieures.

Finition et scellement : Une fois les renforts installés, assurez-vous de terminer les travaux en scellant les joints et en appliquant une finition protectrice pour prévenir la corrosion ou la détérioration future.

En renforçant le bois affaibli de votre toiture, vous pouvez restaurer sa solidité et sa stabilité, ce qui contribuera à prévenir les dommages futurs et à prolonger sa durée de vie.

Séchage

Après avoir traité la zone affectée et renforcé le bois, le processus de séchage est essentiel pour assurer la solidité et la durabilité de la réparation. Voici comment procéder pour assurer un séchage adéquat :

Assurez une bonne ventilation : Assurez-vous que la zone est correctement ventilée pour favoriser un séchage rapide et efficace. Ouvrez les fenêtres, les portes ou utilisez des ventilateurs pour faire circuler l'air autour de la zone affectée.

Évitez l'humidité excessive : Évitez toute exposition à l'humidité excessive pendant le processus de séchage. Si possible, protégez la zone contre les intempéries en utilisant des bâches ou d'autres moyens de protection temporaires.

Utilisez un déshumidificateur : Si l'humidité ambiante est élevée, utilisez un déshumidificateur pour extraire l'humidité de l'air et accélérer le processus de séchage.

Surveillez régulièrement : Surveillez régulièrement la zone pour vous assurer que le bois sèche uniformément et complètement. Vérifiez visuellement l'état du bois et utilisez un hygromètre pour mesurer le taux d'humidité si nécessaire.

Patience : Soyez patient et donnez suffisamment de temps au bois pour sécher complètement avant de poursuivre les travaux de réparation ou de finition. Le processus de séchage peut prendre plusieurs jours, voire plusieurs semaines, en fonction de divers facteurs tels que l'humidité ambiante et la gravité des dommages.

Assurer un séchage adéquat est essentiel pour garantir que la réparation soit solide et durable. Ne précipitez pas le processus de séchage et prenez le temps nécessaire pour vous assurer que le bois est complètement sec avant de poursuivre les travaux.

Remplacement des matériaux endommagés

Si les matériaux de votre toiture sont trop endommagés pour être réparés, le remplacement est souvent la meilleure option pour restaurer l'intégrité structurelle et l'étanchéité de votre toit. Voici comment procéder pour remplacer les matériaux endommagés :

Évaluation des dommages : Examinez attentivement la zone endommagée pour déterminer l'étendue des dommages et les matériaux nécessitant un remplacement. Recherchez des signes de fissures, de déformations, de pourriture ou de détérioration excessive.

Préparation de la zone : Nettoyez la zone autour des matériaux endommagés pour éliminer les débris et les obstacles. Assurez-vous que la zone est propre et exempte de toute obstruction avant de commencer le remplacement.

Retrait des matériaux endommagés : Utilisez des outils appropriés, tels qu'un marteau, un pied-de-biche ou un couteau de couvreur, pour retirer soigneusement les matériaux endommagés. Assurez-vous de retirer tous les clous ou fixations pour préparer la zone pour les nouveaux matériaux.

Choix des nouveaux matériaux : Sélectionnez les nouveaux matériaux en fonction du type de toiture que vous avez et de l'aspect esthétique que vous souhaitez obtenir. Assurez-vous d'opter pour des matériaux de qualité et compatibles avec votre toiture existante.

Installation des nouveaux matériaux : Installez les nouveaux matériaux en suivant les instructions du fabricant et les pratiques recommandées. Assurez-vous que les nouveaux matériaux sont correctement positionnés et fixés en place pour assurer une installation solide et étanche.

Finition et scellement : Une fois les nouveaux matériaux installés, assurez-vous de sceller correctement toutes les joints et les bords pour assurer une protection maximale contre les infiltrations d'eau. Utilisez des produits d'étanchéité ou de calfeutrage appropriés pour garantir une finition étanche et durable.

Inspection finale : Effectuez une inspection finale de la zone pour vous assurer que les nouveaux matériaux sont correctement installés et que toutes les réparations ont été effectuées selon les normes. Vérifiez visuellement l'intégrité des nouveaux matériaux et assurez-vous qu'ils sont sécurisés en place.

En remplaçant les matériaux endommagés de votre toiture, vous pouvez restaurer son apparence et sa fonctionnalité et prévenir les dommages futurs. Assurez-vous de suivre les bonnes pratiques d'installation et de sécurité tout au long du processus pour des résultats optimaux.

Prévention des futurs dommages

Maintenance régulière de la toiture

La maintenance régulière de la toiture est essentielle pour prévenir les futurs dommages et prolonger la durée de vie de votre toit. Voici quelques conseils pour une maintenance régulière efficace :

Nettoyage des gouttières

Le nettoyage régulier des gouttières est essentiel pour maintenir leur efficacité et prévenir les dommages à votre toiture, vos fondations et vos murs extérieurs. Voici un guide étape par étape pour nettoyer vos gouttières :

Préparez-vous : Assurez-vous d'avoir les outils nécessaires pour le nettoyage des gouttières, y compris des gants de travail, une échelle stable, un seau, une pelle à gouttière ou une petite truelle, un tuyau d'arrosage, et éventuellement une brosse de nettoyage.

Sécurité d'abord : Avant de commencer, assurez-vous que l'échelle est stable et correctement placée. Portez des gants de travail pour vous protéger contre les bords tranchants et les débris, et envisagez de porter des lunettes de protection pour protéger vos yeux.

Commencez par le haut : Commencez par nettoyer les gouttières près du bas de votre toit et travaillez-vous vers le haut. Utilisez l'échelle pour accéder à chaque section de gouttière, en vous déplaçant lentement et avec précaution.

Retirez les débris : À l'aide d'une pelle à gouttière, d'une truelle ou de vos mains protégées par des gants, retirez les débris accumulés dans les gouttières. Cela peut inclure des feuilles, des brindilles, des aiguilles de pin et d'autres débris végétaux.

Nettoyez les descentes pluviales : Assurez-vous de nettoyer également les descentes pluviales et les coudes pour éliminer tout obstruant ou empêchant le bon écoulement de l'eau.

Rincez à l'eau : Une fois que vous avez enlevé la plupart des débris des gouttières, utilisez un tuyau d'arrosage pour rincer l'intérieur des gouttières et les descentes pluviales. Cela aidera à éliminer les résidus restants et à vérifier si l'eau s'écoule correctement.

Vérifiez les fuites : Pendant que vous nettoyez, gardez un œil sur les fuites ou les joints endommagés dans les gouttières. Marquez les zones nécessitant des réparations ou un remplacement.

Inspectez la fixation : Vérifiez également que les gouttières sont solidement fixées à la maison. Serrez les vis ou remplacez les crochets de fixation si nécessaire.

Nettoyez les environs : Une fois que vous avez terminé de nettoyer les gouttières, assurez-vous de nettoyer les environs pour éliminer tout débris tombé pendant le nettoyage.

Planifiez un entretien régulier : Pour maintenir des gouttières propres et fonctionnelles, planifiez un nettoyage régulier, au moins deux fois par an, de préférence au printemps et à l'automne.

Inspections visuelles

Les inspections visuelles régulières de votre toiture sont essentielles pour détecter les signes de dommages ou de détérioration et prendre des mesures préventives pour les réparer. Voici quelques étapes à suivre lors d'une inspection visuelle de votre toiture :

Sécurité d'abord : Assurez-vous de travailler en toute sécurité en utilisant une échelle stable et en portant l'équipement de protection individuelle approprié, comme des chaussures antidérapantes, des gants de travail et, si nécessaire, un harnais de sécurité.

Examen extérieur : Commencez par inspecter votre toiture depuis le sol en examinant attentivement toutes les sections visibles de la toiture. Recherchez les signes évidents de dommages, tels que des tuiles ou des bardeaux manquants, fissurés, déformés ou déplacés.

Vérification des solins : Vérifiez également les solins autour des cheminées, des lucarnes, des puits de lumière et des autres points de pénétration de la toiture pour détecter les signes de dommages ou de détérioration. Assurez-vous que les solins sont bien scellés et en bon état.

Examen des gouttières : Inspectez les gouttières et les descentes pluviales pour détecter les signes d'obstruction, de fuite ou de corrosion. Assurez-vous que les gouttières sont solidement fixées à la maison et que l'eau s'écoule librement.

Recherche de débris : Vérifiez si des débris, tels que des feuilles, des branches ou des débris végétaux, sont accumulés sur votre toiture. Les débris peuvent obstruer les gouttières et retenir l'humidité, ce qui peut causer des dommages à la toiture.

Inspection de l'intérieur : Si possible, inspectez également l'intérieur de votre grenier ou de votre plafond pour détecter les signes d'infiltration d'eau ou de dommages causés par l'humidité. Recherchez les taches d'eau, les moisissures, les odeurs d'humidité ou tout autre signe de fuite.

Documentation des problèmes : Prenez des notes et des photos des problèmes que vous observez lors de l'inspection. Cela vous aidera à suivre les dommages au fil du temps et à planifier les réparations nécessaires.

En effectuant des inspections visuelles régulières de votre toiture, vous pouvez détecter les problèmes à un stade précoce et prendre des mesures pour les résoudre avant qu'ils ne deviennent plus graves.

Réparations rapides

Les réparations rapides sont essentielles pour prévenir l'aggravation des dommages à votre toiture et éviter les fuites ou les infiltrations d'eau dans votre maison. Voici quelques étapes à suivre pour effectuer des réparations rapides sur votre toiture :

Localisez la source du problème : Identifiez la zone où se trouve la fuite ou le dommage sur votre toiture. Cela peut être causé par des tuiles ou des bardeaux manquants, fissurés, déplacés ou endommagés, des solins détériorés, des joints de gouttières mal scellés, ou d'autres problèmes.

Nettoyez et préparez la zone : Nettoyez la zone endommagée en enlevant les débris, les feuilles, les branches ou tout autre matériau qui pourrait obstruer le processus de réparation. Assurez-vous que la zone est propre et sèche avant de commencer les réparations.

Appliquez un patch d'urgence : Utilisez un matériau de réparation approprié, tel que du mastic pour toiture, du ciment de toiture, du ruban d'étanchéité ou des patchs adhésifs spécialement conçus pour les toitures, pour sceller temporairement la zone endommagée et arrêter les fuites.

Renforcez si nécessaire : Si le dommage est important ou s'il y a des signes de faiblesse structurelle, renforcez la zone avec des matériaux de support tels que du contreplaqué, des tôles ou des barres de renfort pour empêcher tout affaissement ou toute déformation supplémentaire.

Surveillez et réparez dès que possible : Même si les réparations temporaires peuvent arrêter les fuites à court terme, il est important de surveiller la zone et de planifier des réparations permanentes dès que possible. Ne laissez pas les réparations temporaires devenir permanentes.

Élagage des arbres

L'élagage des arbres autour de votre maison est une étape importante pour maintenir la santé de votre toiture et prévenir les dommages causés par les branches tombantes, les feuilles accumulées et les débris. Voici quelques conseils pour élaguer les arbres de manière appropriée :

Identifiez les branches à élaguer : Repérez les branches d'arbres qui surplombent votre toiture et qui pourraient potentiellement causer des dommages. Recherchez les branches mortes, malades, cassées ou faibles qui pourraient se détacher facilement et tomber sur votre toit.

Maintenez une distance sécuritaire : Lors de l'élagage des arbres près de votre maison, assurez-vous de maintenir une distance sécuritaire entre les branches et la toiture. Évitez de couper les branches trop près de la structure de votre maison pour éviter d'endommager la toiture ou les revêtements extérieurs.

Utilisez les bons outils : Utilisez des outils d'élagage appropriés, tels que des sécateurs, des ébrancheurs, une scie à élaguer ou une tronçonneuse, en fonction de la taille et de l'épaisseur des branches que vous devez couper. Assurez-vous que vos outils sont bien aiguisés pour des coupes propres et précises.

Élaguez de manière stratégique : Évitez de couper les branches principales ou les branches porteuses qui pourraient déséquilibrer la structure de l'arbre. Concentrez-vous sur l'élagage des branches latérales et des branches surplombant votre toiture pour réduire le risque de dommages.

Coupez proprement : Faites des coupes propres et précises juste à l'extérieur du collet de la branche pour favoriser une guérison rapide et réduire le risque d'infection ou de pourriture. Évitez de laisser des moignons ou des branches déchirées qui pourraient devenir des points d'entrée pour les parasites ou les maladies.

Éliminez les débris : Une fois que vous avez terminé l'élagage, assurez-vous de ramasser et d'éliminer tous les débris, les branches coupées et les feuilles tombées pour éviter qu'ils ne s'accumulent sur votre toiture et dans vos gouttières.

Entretien régulier : Planifiez des élagages réguliers pour maintenir la santé de vos arbres et prévenir les problèmes futurs. Un élagage régulier permettra de réduire les risques de dommages à votre toiture et à votre maison.

En élaguant correctement les arbres autour de votre maison, vous pouvez réduire les risques de dommages à votre toiture et prolonger sa durée de vie.

Ventilation et isolation

La ventilation et l'isolation adéquates de votre toiture sont essentielles pour maintenir un environnement intérieur confortable, réduire les coûts énergétiques et prolonger la durée de vie de votre toiture. Voici quelques conseils sur la ventilation et l'isolation de la toiture :

Ventilation de la toiture

Comprendre l'importance de la ventilation : Une ventilation adéquate de la toiture permet de réguler la température et l'humidité dans l'espace sous-toiture, ce qui aide à prévenir la condensation, la formation de moisissures, la pourriture du bois et la détérioration prématurée de la toiture.

Types de ventilation : Il existe deux types de ventilation de toiture : la ventilation passive et la ventilation active. La ventilation passive utilise des évents de faîte, des évents de soffite, des évents de lucarne et d'autres ouvertures naturelles pour permettre à l'air de circuler librement. La ventilation active utilise des ventilateurs ou des turbines pour augmenter le flux d'air à travers la toiture.

Installer des évents de faîte et des évents de soffite : Les évents de faîte sont installés le long du faîte de la toiture pour permettre à l'air chaud et humide de s'échapper, tandis que les évents de soffite sont installés sous le débord de toit pour permettre à l'air frais de pénétrer dans l'espace sous-toiture.

Équilibrer le flux d'air : Assurez-vous d'avoir un équilibre approprié entre les évents de faîte et les évents de soffite pour assurer un flux d'air continu à travers la toiture. Un bon équilibre permettra d'éviter les problèmes de condensation et d'humidité.

Isolation de la toiture

Choisir le bon matériau isolant : Il existe différents types de matériaux isolants pour la toiture, tels que la laine de verre, la laine de roche, la mousse isolante et les panneaux isolants rigides. Choisissez un matériau isolant qui convient à votre climat local et qui offre une bonne valeur R pour une isolation efficace.

Installer une barrière pare-vapeur : Une barrière pare-vapeur est installée sous l'isolant pour empêcher la condensation de l'humidité à l'intérieur de la structure de la toiture. Assurez-vous que la barrière pare-vapeur est installée correctement et scellée pour éviter les fuites d'air et d'humidité.

Veiller à une installation correcte : Assurez-vous que l'isolant est installé correctement et uniformément sur toute la surface de la toiture pour éviter les ponts thermiques et assurer une isolation efficace. Évitez de compresser l'isolant ou de laisser des espaces vides qui pourraient compromettre ses performances.

Inspecter régulièrement : Effectuez des inspections régulières de l'isolation de votre toiture pour vous assurer qu'elle est en bon état et qu'elle n'est pas endommagée par l'humidité, les parasites ou d'autres problèmes. Effectuez les réparations nécessaires dès que vous détectez des problèmes.

En assurant une ventilation et une isolation adéquates de votre toiture, vous pouvez améliorer l'efficacité énergétique de votre maison, prévenir les problèmes d'humidité et de condensation, et prolonger la durée de vie de votre toiture.

Protection contre les nuisibles

La protection contre les nuisibles est importante pour maintenir l'intégrité de votre toiture et prévenir les dommages causés par les parasites tels que les oiseaux, les rongeurs et les insectes. Voici quelques mesures que vous pouvez prendre pour protéger votre toiture contre les nuisibles :

Installer des protections contre les oiseaux : Les oiseaux peuvent causer des dommages à votre toiture en construisant des nids dans les gouttières, les cheminées et les lucarnes, ou en grattant la surface de la toiture pour trouver des matériaux de nidification. Installez des dispositifs de dissuasion tels que des pics anti-pigeons ou des filets de protection pour empêcher les oiseaux de se poser ou de nicher sur votre toit.

Élaguer les arbres : Élaguer les arbres autour de votre maison pour empêcher les branches surplombant votre toiture. Les branches d'arbres peuvent fournir un accès facile aux rongeurs et aux parasites, ainsi que des points d'entrée pour les oiseaux et les insectes.

Réparer les dommages structurels : Réparez rapidement tout dommage structurel à votre toiture, comme les trous, les fissures ou les ouvertures, qui pourraient fournir un accès aux nuisibles. Assurez-vous que votre toiture est bien scellée et exempte de points d'entrée potentiels.

Nettoyer les gouttières et les descentes pluviales : Nettoyez régulièrement les gouttières et les descentes pluviales pour éliminer les débris qui pourraient attirer les nuisibles ou obstruer le flux d'eau. Assurez-vous que les gouttières sont solidement fixées à la maison pour éviter qu'elles ne deviennent des habitats pour les rongeurs ou les insectes.

Utiliser des répulsifs naturels : Utilisez des répulsifs naturels tels que des huiles essentielles, des poivres, du vinaigre ou du bicarbonate de soude pour dissuader les nuisibles de s'approcher de votre toiture. Appliquez ces répulsifs autour des zones vulnérables telles que les gouttières, les solins et les points de pénétration.

Entretien des cheminées et des évents

L'entretien régulier des cheminées et des évents est essentiel pour assurer leur bon fonctionnement, réduire les risques d'incendie et prévenir les fuites d'eau dans votre maison. Voici quelques conseils pour l'entretien des cheminées et des évents :

Nettoyez régulièrement les cheminées : Faites nettoyer et inspecter votre cheminée au moins une fois par an par un professionnel qualifié. Le nettoyage de la cheminée éliminera la suie, les dépôts de créosote et les débris qui pourraient obstruer la cheminée et augmenter le risque d'incendie.

Vérifiez les évents de sécheuse : Si vous avez un évent de sécheuse sur votre toit, assurez-vous de le nettoyer régulièrement pour éliminer les peluches et les débris qui pourraient s'accumuler et causer un incendie. Vérifiez également que l'évent de sécheuse est correctement scellé et en bon état pour éviter les fuites d'eau.

Inspectez les solins autour des cheminées : Vérifiez régulièrement les solins autour des cheminées pour détecter tout signe de dommages, de fissures ou de détérioration. Les solins endommagés peuvent permettre à l'eau de s'infiltrer dans votre maison, ce qui peut causer des dommages importants à votre toiture et à votre structure.

Installez des capuchons de cheminée : Installez des capuchons de cheminée sur les sorties de cheminée pour empêcher les débris, les feuilles, les animaux et les insectes d'entrer dans la cheminée et de bloquer le flux d'air. Les capuchons de cheminée peuvent également aider à prévenir les problèmes de refoulement et à protéger votre cheminée des intempéries.

Scellez les évents correctement : Assurez-vous que tous les évents de toiture, y compris les évents de cheminée, les évents de sécheuse et les évents de salle de bain, sont correctement scellés et étanches pour éviter les fuites d'eau et les infiltrations d'air. Utilisez du mastic ou du calfeutrage pour sceller les joints et les ouvertures autour des évents.

Surveillez les signes de problèmes : Soyez attentif aux signes de problèmes potentiels avec vos cheminées et évents, tels que des odeurs de fumée dans la maison, des traces de suie sur les murs ou les plafonds, des fuites d'eau autour des cheminées, ou des bruits de vent dans les évents.

Programme d'entretien préventif

Mettre en place un programme d'entretien préventif pour votre toiture peut vous aider à identifier et à résoudre les problèmes potentiels avant qu'ils ne deviennent plus graves, ce qui peut prolonger la durée de vie de votre toiture et réduire les coûts de réparation à long terme. Voici un exemple de programme d'entretien préventif pour votre toiture :

Annuellement

Nettoyage des gouttières : Nettoyez les gouttières et les descentes pluviales pour éliminer les débris qui pourraient obstruer le flux d'eau et causer des problèmes d'humidité ou de pourriture. Assurez-vous que les gouttières sont solidement fixées à la maison et qu'elles sont en bon état.

Élagage des arbres : Élaguez les arbres autour de votre maison pour empêcher les branches de tomber sur votre toiture et de causer des dommages. Assurez-vous que les branches sont éloignées de la toiture et qu'elles ne sont pas en contact avec les fils électriques.

Nettoyage des évents : Nettoyez les évents de la toiture, y compris les évents de cheminée, les évents de sécheuse et les évents de salle de bain, pour éliminer les débris et assurer un flux d'air adéquat à travers la toiture.

Tous les 3 à 5 ans

Inspection approfondie de la toiture : En plus des inspections annuelles, programmez une inspection approfondie de votre toiture tous les 3 à 5 ans pour évaluer l'état général de la toiture, y compris l'état des matériaux de couverture, des solins, des évents et des cheminées.

Entretien des solins : Vérifiez l'état des solins autour des cheminées, des lucarnes, des puits de lumière et des autres points de pénétration de la toiture. Réparez ou remplacez tout solin endommagé pour éviter les fuites d'eau dans votre maison.

Réparations préventives : Effectuez des réparations préventives pour corriger tout problème mineur avant qu'il ne devienne plus grave. Cela peut inclure le remplacement des bardeaux endommagés, le scellement des joints autour des évents et des cheminées, et le réalignement des évents de la toiture.

Inspection saisonnière et nettoyage des gouttière

L'inspection saisonnière et le nettoyage des gouttières sont des tâches essentielles pour maintenir la santé de votre toiture et prévenir les problèmes d'humidité, de pourriture et d'infiltration d'eau dans votre maison. Voici comment procéder :

Printemps

Inspectez visuellement votre toiture

Au printemps, l'inspection visuelle de votre toiture est essentielle pour détecter tout dommage causé par les conditions hivernales et préparer votre maison pour la saison plus chaude. Voici comment procéder à cette inspection :

Examinez la toiture depuis le sol : Marchez autour de votre maison et observez la toiture à partir du sol. Recherchez tout signe de dommages évidents, tels que des bardeaux manquants, endommagés, soulevés ou déplacés. Faites attention aux zones où des débris pourraient s'accumuler, comme près des cheminées, des lucarnes et des évents.

Utilisez des jumelles si nécessaire : Si vous ne pouvez pas voir clairement certains endroits de la toiture depuis le sol, utilisez des jumelles pour examiner de plus près ces zones. Recherchez des signes de dommages, de déformations ou de détérioration des bardeaux.

Inspectez l'état des solins : Vérifiez l'état des solins autour des cheminées, des lucarnes, des antennes de télévision et d'autres points de pénétration de la toiture. Recherchez des signes de fissures, de décollement ou de détérioration qui pourraient permettre à l'eau de s'infiltrer dans votre maison.

Repérez les zones d'accumulation d'eau : Recherchez des zones où l'eau pourrait s'accumuler sur la toiture, comme près des gouttières obstruées ou des évents bloqués. L'accumulation d'eau peut indiquer des problèmes de drainage ou des bardeaux endommagés qui nécessitent une attention immédiate.

Inspectez les évents de la toiture : Vérifiez que tous les évents de la toiture sont en bon état et exempts de débris. Assurez-vous que les évents de cheminée, les évents de sécheuse et les évents de ventilation sont correctement scellés et ne présentent aucun signe de dommage ou de corrosion.

Notez les problèmes potentiels : Prenez des notes sur tout dommage ou problème que vous remarquez pendant votre inspection.

Prenez des photos si nécessaire pour documenter l'état actuel de votre toiture.

Vérifiez les gouttières

Lorsque vous vérifiez les gouttières au printemps, voici quelques étapes à suivre pour vous assurer qu'elles sont en bon état et prêtes à gérer les précipitations de la saison à venir :

Nettoyez les gouttières : Retirez manuellement les débris accumulés tels que les feuilles, les branches, les aiguilles de pin et autres débris qui pourraient obstruer le flux d'eau. Utilisez une pelle à gouttière ou une brosse pour gratter les débris tenaces.

Inspectez les gouttières pour les dommages : Recherchez tout signe de dommages aux gouttières, comme des fissures, des trous, des déformations ou des zones rouillées. Assurez-vous que les joints des gouttières sont intacts et qu'il n'y a pas de sections détachées ou endommagées.

Vérifiez l'alignement des gouttières : Assurez-vous que les gouttières sont correctement alignées et qu'elles ne sont pas affaissées ou inclinées. Les gouttières mal alignées peuvent entraîner un mauvais drainage et des débordements d'eau.

Contrôlez les descentes pluviales : Vérifiez que les descentes pluviales sont claires et qu'elles dirigent l'eau loin de votre maison. Assurez-vous qu'elles ne sont pas obstruées par des débris ou des racines d'arbres.

Inspectez les fixations et les supports : Vérifiez que les fixations et les supports des gouttières sont solides et en bon état. Serrez les vis ou les boulons desserrés et remplacez toute pièce endommagée ou manquante.

Examinez les protections de gouttière : Si vous avez des protections de gouttière installées, assurez-vous qu'elles sont en bon état et qu'elles ne sont pas obstruées par des débris. Nettoyez ou remplacez les protections de gouttière si nécessaire.

Inspectez les points de sortie des gouttières : Vérifiez que les extrémités des gouttières sont correctement scellées et qu'il n'y a pas de fuites à ces points de sortie.

En procédant à cette vérification des gouttières au printemps, vous pouvez vous assurer qu'elles sont prêtes à gérer efficacement les pluies printanières et à protéger votre maison contre les dommages causés par l'eau.

Nettoyez les descentes pluviales

Pour nettoyer les descentes pluviales, suivez ces étapes simples :

Préparez l'équipement : Avant de commencer, assurez-vous d'avoir tous les outils nécessaires, y compris une échelle stable, des gants de travail, une pelle à gouttière ou une brosse, un tuyau d'arrosage et éventuellement une truelle ou un tournevis.

Sécurisez l'échelle : Placez l'échelle sur une surface plane et stable, de préférence près de la descente pluviale que vous allez nettoyer. Assurez-vous que l'échelle est correctement verrouillée en place et qu'elle repose sur un sol solide.

Montez sur l'échelle : Montez prudemment sur l'échelle en vous assurant de tenir fermement les barreaux.

Retirez les débris : Utilisez une pelle à gouttière, une brosse ou vos mains gantées pour retirer les débris accumulés à l'intérieur de la descente pluviale. Veillez à éliminer tous les débris, y compris les feuilles, les branches, les débris végétaux et les accumulations de boue ou de saleté.

Rincez à l'eau : Une fois que vous avez retiré la plupart des débris, utilisez un tuyau d'arrosage pour rincer la descente pluviale. Commencez par le haut de la descente et faites couler l'eau à travers la conduite pour éliminer les débris restants.

Vérifiez le débit d'eau : Pendant que vous rincez la descente pluviale, vérifiez que l'eau s'écoule librement et rapidement. Si vous remarquez un débit d'eau lent ou obstrué, cela peut indiquer un blocage plus important qui nécessite une attention supplémentaire.

Vérifiez l'écoulement au sol : Assurez-vous que l'eau qui s'écoule de la descente pluviale est dirigée loin de votre maison pour éviter les problèmes d'infiltration d'eau autour de la fondation. Si nécessaire, ajustez l'orientation des descentes pluviales ou installez des rallonges pour diriger l'eau loin de la maison.

Terminez en sécurité : Une fois que vous avez terminé de nettoyer la descente pluviale, descendez de l'échelle avec précaution. Rangez votre équipement et assurez-vous que l'échelle est correctement sécurisée.

En nettoyant régulièrement les descentes pluviales, vous pouvez éviter les obstructions et les problèmes d'écoulement d'eau qui pourraient endommager votre toiture et votre maison.

Vérifiez les évents de la toiture

Pour vérifier les évents de la toiture, suivez ces étapes simples :

Préparez l'équipement : Avant de commencer, assurez-vous d'avoir une échelle stable, des gants de travail et une lampe de poche si vous inspectez les évents dans des zones sombres comme le grenier.

Accédez à la toiture : Montez prudemment sur l'échelle jusqu'à ce que vous puissiez accéder à la zone où se trouvent les évents de la toiture. Assurez-vous que l'échelle est correctement sécurisée et qu'elle repose sur une surface solide.

Inspectez visuellement les évents : Une fois sur le toit, examinez visuellement tous les évents de la toiture pour repérer tout signe de dommage ou d'obstruction. Recherchez des fissures, des trous, des déformations ou des blocages causés par des débris tels que des feuilles, des nids d'oiseaux ou des insectes.

Nettoyez les évents si nécessaire : Si vous remarquez des débris obstruant les évents, utilisez une brosse ou un tuyau d'arrosage pour les déloger et les retirer. Assurez-vous que les évents sont complètement dégagés pour permettre un flux d'air optimal à travers la toiture.

Vérifiez les joints et les fixations : Assurez-vous que les joints autour des évents sont intacts et scellés correctement pour éviter les fuites d'eau. Vérifiez également que les évents sont solidement fixés à la toiture et qu'ils ne sont pas desserrés ou endommagés.

Inspectez l'intérieur du grenier : Si vous avez accès à votre grenier, inspectez l'intérieur pour repérer tout signe de dommage ou de fuite près des évents de la toiture. Recherchez des taches d'humidité, des moisissures ou des signes d'infiltration d'eau qui pourraient indiquer un problème avec les évents.

Terminez en toute sécurité : Une fois que vous avez terminé l'inspection des évents, descendez prudemment de l'échelle et rangez votre équipement. Assurez-vous que l'échelle est correctement sécurisée et qu'elle est rangée dans un endroit sûr.

Été

Inspectez l'état des bardeaux

L'inspection de l'état des bardeaux pendant l'été est essentielle pour détecter tout signe de dommage ou de détérioration qui pourrait nécessiter des réparations. Voici comment procéder :

Examinez visuellement les bardeaux : Montez sur votre toit en utilisant une échelle stable et inspectez visuellement l'état des bardeaux. Recherchez tout signe de dommage, y compris les fissures, les déchirures, les trous, les éclats ou les bardeaux manquants.

Vérifiez l'alignement des bardeaux : Assurez-vous que les bardeaux sont correctement alignés et qu'ils ne sont pas déplacés ou soulevés. Les bardeaux mal alignés peuvent être vulnérables aux dommages causés par le vent et l'eau.

Recherchez des signes de déformation : Vérifiez s'il y a des signes de déformation des bardeaux, tels que des cloques, des vagues ou des zones affaissées. Ces signes peuvent indiquer des problèmes sous-jacents tels que des problèmes d'humidité ou de pourriture.

Inspectez les bords des bardeaux : Examinez les bords des bardeaux pour vous assurer qu'ils ne sont pas endommagés ou effilochés. Les bords endommagés peuvent compromettre l'intégrité structurelle des bardeaux et les rendre plus susceptibles de se détacher pendant les tempêtes.

Vérifiez les zones autour des points de pénétration : Inspectez les zones autour des cheminées, des lucarnes, des évents de plomberie et des autres points de pénétration de la toiture. Recherchez tout signe de dommage ou de détérioration autour de ces zones qui pourrait indiquer une fuite potentielle.

Notez tout problème : Prenez des notes sur tout dommage ou problème que vous remarquez pendant votre inspection. Prenez des photos si nécessaire pour documenter l'état actuel de votre toiture.

Réparez les solins

Pour réparer les solins de votre toiture, suivez ces étapes :

Préparez l'équipement : Avant de commencer, assurez-vous d'avoir des gants de travail, une truelle, un couteau utilitaire, du mastic pour toiture, du calfeutrage, des clous de toiture et éventuellement un pistolet à calfeutrage.

Nettoyez la zone : Avant de procéder aux réparations, assurez-vous que la zone autour du solin est propre et exempte de débris. Utilisez une brosse métallique ou une truelle pour enlever les débris, la saleté et les vieux matériaux d'étanchéité.

Inspectez le solin : Examinez attentivement le solin pour repérer tout signe de dommage, de déformation, de fissures ou de détérioration. Recherchez des zones où le matériau d'étanchéité est déchiré, manquant ou affaissé.

Remplacez le matériau d'étanchéité défectueux : Si le matériau d'étanchéité autour du solin est endommagé, retirez-le soigneusement à l'aide d'un couteau utilitaire. Nettoyez la zone autour du solin et assurez-vous qu'elle est sèche avant de procéder aux réparations.

Appliquez du mastic pour toiture : Utilisez un mastic pour toiture compatible avec le matériau du solin pour sceller les fissures et les joints autour du solin. Appliquez le mastic de manière uniforme et assurez-vous qu'il recouvre complètement les zones endommagées.

Scellez avec du calfeutrage : Utilisez du calfeutrage pour sceller les bords du solin là où il rencontre la surface de la toiture. Appliquez le calfeutrage le long des bords du solin pour assurer une étanchéité supplémentaire contre l'eau et les éléments.

Fixez le solin si nécessaire : Si le solin est desserré ou mal fixé, utilisez des clous de toiture ou des vis pour le fixer fermement en place. Assurez-vous que le solin est solidement attaché à la toiture pour éviter les fuites potentielles.

Laissez sécher et inspectez : Laissez le mastic et le calfeutrage sécher complètement selon les instructions du fabricant. Une fois sec, inspectez à nouveau le solin pour vous assurer que les réparations ont été effectuées correctement et qu'il n'y a pas de zones manquantes ou endommagées.

Nettoyez les gouttières

Pour nettoyer les gouttières de votre toiture, suivez ces étapes :

Préparez l'équipement : Assurez-vous d'avoir une échelle stable, des gants de travail, une pelle à gouttière, un seau, un tuyau d'arrosage et éventuellement une brosse à gouttière.

Sécurisez l'échelle : Placez l'échelle sur une surface plane et stable, de préférence près de la gouttière que vous allez nettoyer. Assurez-vous que l'échelle est correctement verrouillée en place et qu'elle repose sur un sol solide.

Montez sur l'échelle : Montez prudemment sur l'échelle en vous assurant de tenir fermement les barreaux. Assurez-vous que quelqu'un est présent à proximité pour vous aider en cas de besoin.

Retirez les débris : Utilisez une pelle à gouttière pour retirer les débris accumulés dans la gouttière, tels que les feuilles, les branches, les débris végétaux et la saleté. Placez les débris dans un seau ou sur une bâche pour faciliter le nettoyage.

Nettoyez l'intérieur : Utilisez une brosse à gouttière ou une brosse rigide pour nettoyer l'intérieur de la gouttière et éliminer tout dépôt de saleté ou de débris tenace. Vous pouvez également utiliser un tuyau d'arrosage pour rincer la gouttière et éliminer les résidus restants.

Vérifiez les descentes pluviales : Assurez-vous que les descentes pluviales sont dégagées et qu'elles dirigent l'eau loin de votre maison. Utilisez une brosse ou un tuyau d'arrosage pour nettoyer les descentes pluviales si nécessaire.

Inspectez les fixations : Profitez de l'occasion pour inspecter les fixations des gouttières et assurez-vous qu'elles sont solidement fixées à la maison. Serrez les vis ou les boulons desserrés si nécessaire.

Terminez en sécurité : Une fois que vous avez terminé de nettoyer les gouttières, descendez prudemment de l'échelle et rangez votre équipement. Assurez-vous que l'échelle est correctement sécurisée et qu'elle est rangée dans un endroit sûr.

En nettoyant régulièrement les gouttières de votre toiture, vous pouvez éviter les obstructions et les débordements d'eau qui pourraient endommager votre maison.

Automne

Inspectez l'état général de la toiture

Inspecter l'état général de votre toiture à l'approche de l'automne est crucial pour identifier tout problème potentiel avant les conditions météorologiques plus rigoureuses. Voici quelques étapes à suivre :

Examinez visuellement la toiture : Montez sur votre toit en utilisant une échelle stable et examinez visuellement l'état des bardeaux, des solins, des évents et des autres composants de la toiture. Recherchez tout signe de dommage, de déformation, de décoloration ou de détérioration.

Vérifiez l'intégrité des bardeaux : Assurez-vous que les bardeaux sont tous en place et qu'ils sont en bon état. Recherchez des bardeaux manquants, fissurés, déplacés ou endommagés par le vent, la grêle ou d'autres facteurs environnementaux.

Inspectez les solins et les joints : Vérifiez que les solins autour des cheminées, des lucarnes, des évents et d'autres points de pénétration de la toiture sont intacts et scellés correctement. Recherchez tout signe de fissures, de déformations ou de décollement du matériau d'étanchéité.

Examinez les évents et les cheminées : Assurez-vous que les évents de toit, les cheminées et les autres ouvertures sont en bon état et ne présentent aucun signe de dommage ou de détérioration. Vérifiez également que les évents sont correctement scellés et fixés à la toiture.

Vérifiez l'état des gouttières : Examinez l'état des gouttières et des descentes pluviales pour vous assurer qu'elles sont libres de débris et en bon état de fonctionnement. Vérifiez également que les supports et les fixations des gouttières sont solides et sécurisés.

Inspectez l'intérieur du grenier : Si vous avez accès à votre grenier, examinez l'intérieur pour rechercher tout signe de fuites d'eau, d'humidité ou de moisissures. Recherchez des taches d'eau, des traces d'humidité ou des zones affaissées qui pourraient indiquer un problème avec la toiture.

Prenez des mesures correctives si nécessaire : Si vous remarquez des problèmes pendant votre inspection, prenez des mesures correctives appropriées pour réparer ou remplacer les composants endommagés. Cela peut inclure des réparations de bardeaux, de solins, de gouttières ou d'autres éléments de la toiture.

Nettoyez les gouttières une dernière fois

Nettoyer les gouttières une dernière fois avant l'automne est une étape importante pour s'assurer qu'elles sont prêtes à faire face aux intempéries hivernales. Voici comment procéder :

Préparez l'équipement : Rassemblez une échelle stable, des gants de travail, une pelle à gouttière, un seau, un tuyau d'arrosage et éventuellement une brosse à gouttière.

Sécurisez l'échelle : Placez l'échelle sur une surface plane et stable, près de la gouttière que vous allez nettoyer. Assurez-vous que l'échelle est correctement verrouillée en place et qu'elle repose sur un sol solide.

Montez sur l'échelle : Montez prudemment sur l'échelle en vous assurant de tenir fermement les barreaux.

Retirez les débris : Utilisez une pelle à gouttière pour retirer tous les débris accumulés dans la gouttière, tels que les feuilles, les branches, les débris végétaux et la saleté. Placez les débris dans un seau ou sur une bâche pour faciliter le nettoyage.

Nettoyez l'intérieur : Utilisez une brosse à gouttière ou une brosse rigide pour nettoyer l'intérieur de la gouttière et éliminer tout dépôt de saleté ou de débris tenace. Vous pouvez également utiliser un tuyau d'arrosage pour rincer la gouttière et éliminer les résidus restants.

Vérifiez les descentes pluviales : Assurez-vous que les descentes pluviales sont dégagées et qu'elles dirigent l'eau loin de votre maison. Utilisez une brosse ou un tuyau d'arrosage pour nettoyer les descentes pluviales si nécessaire.

Inspectez les fixations : Profitez de l'occasion pour inspecter les fixations des gouttières et assurez-vous qu'elles sont solidement fixées à la maison. Serrez les vis ou les boulons desserrés si nécessaire.

Terminez en sécurité : Une fois que vous avez terminé de nettoyer les gouttières, descendez prudemment de l'échelle et rangez votre équipement. Assurez-vous que l'échelle est correctement sécurisée et qu'elle est rangée dans un endroit sûr.

En nettoyant une dernière fois vos gouttières avant l'automne, vous pouvez vous assurer qu'elles sont prêtes à gérer les fortes pluies et les feuilles mortes qui accompagnent souvent cette saison. Cela peut contribuer à prévenir les obstructions et les débordements d'eau qui pourraient endommager votre maison.

Préparez votre toiture pour l'hiver

Pour préparer votre toiture pour l'hiver et lui assurer une protection maximale contre les intempéries, suivez ces étapes importantes :

Inspectez la toiture : Effectuez une inspection complète de votre toiture pour repérer tout signe de dommages, de fuites ou de détérioration. Vérifiez l'état des bardeaux, des solins, des évents, des gouttières et des autres composants de la toiture.

Effectuez les réparations nécessaires : Réparez tous les dommages ou les problèmes identifiés lors de l'inspection. Remplacez les bardeaux endommagés, réparez les solins fissurés, scellez les joints et les fixations défectueux, et nettoyez les gouttières obstruées.

Renforcez l'isolation : Vérifiez l'état de l'isolation de votre grenier et assurez-vous qu'elle est adéquate pour protéger votre maison contre les variations de température. Ajoutez de l'isolant si nécessaire pour améliorer l'efficacité énergétique de votre maison.

Scellez les fuites : Assurez-vous que toutes les fuites d'eau sont correctement scellées pour éviter les infiltrations d'eau indésirables dans votre maison. Utilisez du calfeutrage pour combler les fissures et les espaces autour des points de pénétration de la toiture.

Nettoyez les évents : Assurez-vous que les évents de toit sont dégagés et fonctionnent correctement pour assurer une ventilation adéquate de votre grenier. Nettoyez les évents obstrués et remplacez les filtres si nécessaire.

Protégez contre la glace et la neige : Installez des protège-gouttières pour prévenir l'accumulation de glace et de neige dans les gouttières, ce qui peut causer des dommages structurels à votre toiture. Assurez-vous également que votre grenier est correctement ventilé pour éviter la formation de glace sur le toit.

Élaguez les arbres : Taillez les branches d'arbres qui surplombent votre toiture pour éviter qu'elles ne tombent et endommagent votre toit pendant les tempêtes de neige ou de vent.

Envisagez une inspection professionnelle : Si vous n'êtes pas à l'aise pour inspecter votre toiture vous-même, envisagez de faire appel à un professionnel pour une inspection approfondie. Un couvreur qualifié peut identifier les problèmes potentiels et recommander les meilleures solutions pour préparer votre toiture pour l'hiver.

En suivant ces étapes, vous pouvez vous assurer que votre toiture est prête à affronter les rigueurs de l'hiver et à protéger votre maison contre les dommages causés par les intempéries.

Conclusion

En conclusion, la prévention et la réparation rapides des problèmes de toiture sont essentielles pour maintenir l'intégrité structurelle de votre maison et prévenir les dommages coûteux. Voici un récapitulatif des étapes importantes à suivre pour entretenir votre toiture :

Évaluation régulière : Effectuez des inspections régulières de votre toiture pour repérer tout signe de dommages, de fuites ou de détérioration.

Sécurité d'abord : Assurez-vous de suivre les consignes de sécurité lors de l'inspection et de la réparation de votre toiture, en utilisant un équipement de protection individuelle (EPI) approprié.

Nettoyage des gouttières : Nettoyez régulièrement les gouttières pour éviter les obstructions et les débordements d'eau qui pourraient endommager votre maison.

Réparation des fuites : Localisez et réparez rapidement les fuites pour prévenir les dommages causés par l'humidité à l'intérieur de votre maison.

Réparation des matériaux endommagés : Remplacez les bardeaux, les tuiles ou d'autres composants de toiture endommagés pour assurer l'étanchéité de votre toit.

Entretien préventif : Effectuez des réparations régulières et préventives pour prolonger la durée de vie de votre toiture et prévenir les problèmes futurs.

Agissez rapidement : En cas de problème de toiture, agissez rapidement pour éviter que le problème ne s'aggrave et ne cause des dommages plus importants à votre maison.

En suivant ces étapes et en agissant rapidement en cas de problème de toiture, vous pouvez protéger efficacement votre maison contre les dommages causés par les intempéries et prolonger la durée de vie de votre toiture. N'attendez pas que les petits problèmes deviennent des urgences - prenez des mesures dès maintenant pour maintenir votre toiture en bon état.

www.ingramcontent.com/pod-product-compliance
Lightning Source LLC
Chambersburg PA
CBHW031439130726

47989CB00003B/1210